食帖
WithEating

面的奥义

林江 主编

中信出版集团 · 北京

图书在版编目（CIP）数据

食帖．面的奥义 / 林江主编．-- 北京：中信出版社，2017.12

ISBN 978-7-5086-7879-5

Ⅰ.①食… Ⅱ．①林… Ⅲ．饮食—文化—世界 Ⅳ．①TS971.201

中国版本图书馆 CIP 数据核字（2017）第 167448 号

食帖．面的奥义

主　　编：林江
出版发行：中信出版集团股份有限公司
（北京市朝阳区惠新东街甲 4 号富盛大厦 2 座　邮编　100029）
承 印 者：鸿博昊天科技有限公司

开　　本：787mm × 1092mm　1/16		印　　张：10.25	
字　　数：206 千字		插　　页：6	
版　　次：2017 年 12 月第 1 版		印　　次：2017 年 12 月第 1 次印刷	

广告经营许可证：京朝工商广字第 8087 号
书　　号：ISBN 978-7-5086-7879-5
定　　价：52.00 元

食帖

WithEating

20

CONTENTS
The Mystery of Noodles

出版人 Publisher
苏静 Johnny Su
总编辑 Chief Editor
林江 Lin Jiang
内容监制 Content Producer
原媛 Yuan Yuan
艺术总监 Art Direction
黄莹 Huang Ying
运营总监 Operations Director
杨慧 Yang Hui
出版总监 Publication Director
陈晗 Chen Han
编辑 Editor
陈晗 Chen Han
罗玄 Luo Xuan
赵圣 Zhao Sheng
肇天池 Zhao Tianchi
原媛 Yuan Yuan
肖杨 Xiao Yang
孙思清 Sun Siqing
贺卢文迪 He Luwendi
谢一杰 Xie Yijie

特约撰稿人
Special Correspondent
刘晓曦 Liu Xiaoxi
张爽 Zhang Shuang
白雪薇 Bai Xuewei
张奕超 Zhang Yichao
特约插画师 Special Illustrator
顾杨帆 Gu Yangfan
Ricky
谢睿 Xie Rui
特约摄影师
Special Photographer
PYHOO
姚皓然 Yao Haoran
王姝一 Wang Shuyi
冯子珍 Feng Zizhen
平面设计 Graphic Design
黄莹 Huang Ying

策划编辑 Acquisitions Editor
王菲菲 Wang Feifei
刘莲 Liu Lian
责任编辑 Responsible Editor
刘莲 Liu Lian
营销编辑 PR Manager
李晓彤 Li Xiaotong

01 炸酱面　北京

老北京的炸酱面，面酱、面码、面条，哪一样也马虎不得。家家户户都有自己熬酱的秘方，随着时令变化的不只是面码，面条的温度也有区别。冬天吃热腾腾煮熟的“锅儿挑”热面，夏天吃熟煮后过水的凉面。吃的就是一个舒坦！

面条原料　小麦面

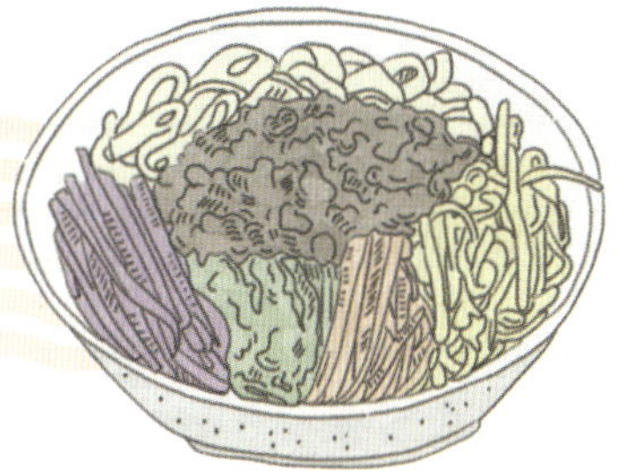

02 四碟捞面　天津

老天津卫的吃食极其讲究，在面条上也不例外。一碗普通的捞面，也能吃出满汉全席的阵仗。天津卫传统的四碟捞面，吃面时需搭配四碟凉菜、四碟炒菜、四碟面菜、四碟面码、两碟面卤。根据四季时令、节庆场合，配菜也有所不同。

面条原料　小麦面

03 正顺饸饹　河北

饸饹是北方的传统面食之一。将莜麦面、荞麦面等杂粮面和好，放入专门的“饸饹床子”中，用木柄将面从“床子”的网眼压入滚沸的汤中煮熟，搭配各种臊子食用。正顺饸烙搭配的是用牛肉与牛棒骨熬制的高汤，还可加入豆瓣儿酱或牛骨髓油同煮。入口时，牛肉与杂粮的香气相得益彰。

面条原料　豌豆面、莜麦面、荞麦面和其他杂豆面

04 金丝杂面　河北

金丝杂面由绿豆粉、小麦面等 6 种原料混合制成，颜色金黄，薄如纸，细如丝，因而得名。制作金丝杂面，需先将 6 种原料按比例和面，把面团手工擀至极薄，再切成细丝。

面条原料　绿豆粉、小麦面、芝麻粉、蛋清、白糖、香油

05 刀削面　山西

制作刀削面关键要看师傅的手上功夫。一片弧形刀，要将面叶儿削得中间厚，两边薄，长短均匀。滑爽筋道、软而不黏的口感，搭配滋味浓厚的浇头或臊子，刀削面位列中国五大面食之一实属当之无愧。

面条原料　小麦面

06 猫耳朵　山西

关于中国面食与意大利面的渊源，流传着许多说法。据说一种名叫 orecchiette（猫耳朵面）的意大利面，就是当年马可 · 波罗从中国学去的。历史真相虽然无法仔细考究，但二者的相似度确实很高。

面条原料　小麦面、荞麦面、莜麦面

07 凉皮　陕西

陕西凉皮分为米皮和面皮两大类，前者用大米粉制成，后者用面粉制成。凉皮酸辣爽口，如今已经随处可见。雪白透亮的凉皮，浇上陈醋、辣子，再配上一个肉夹馍和一瓶冰峰汽水，嘹咂咧！

面条原料　小麦面、大米

08 岐山臊子面　陕西

岐山臊子面讲究“面白薄筋光，油汪酸辣香”。汤多面少的臊子面，面汤酸辣滚烫，油厚味香。对当地人来说，臊子面不仅是家常主食，红白喜事、逢年过节摆宴席时，也少不了它的身影。

面条原料　小麦面

09 油泼扯面　陕西

在陕西，扯面也叫拉面、抻面、拽面，形状多变，粗细宽窄不一。油泼扯面最重要的部分，就是最终泼洒热油的那一步。只有把握好油的温度，准确浇在面顶部的辣椒粉和葱姜蒜上，才能完美激发出四溢的香气。油温过冷或过热，都会让成品失色不少。

面条原料　小麦面

10 铁锅焖面　内蒙古

菜面合一的铁锅焖面，是内蒙古地区的家常美食之一。最简单的做法就是将猪肉与豆角炒熟后，加水没过菜，煮开后将手擀面均匀铺在菜上，盖上锅盖小火焖煮至面熟，然后将菜与面搅拌均匀。

面条原料　小麦面

11 羊肉臊子面　宁夏

一碗合格的羊肉臊子面，从炝汤到羊肉臊子，都是极讲究的。火红的炝汤要酸辣香甜，羊肉丁与辣椒、萝卜、番茄、蒜苗等蔬菜搭配制成的臊子要香气四溢，手擀切面须得白净、筋道。三者缺一不可。

面条原料　小麦面

12 兰州牛肉面　甘肃

宽中有细，是北方食物与北方人共通的真性情。一清、二白、三红、四绿、五黄，一碗简单而讲究的牛肉面，正是如此。热气腾腾的大碗牛肉面，加一盘小菜和一个茶叶蛋，就是兰州人完美一天的开始。

面条原料　小麦面

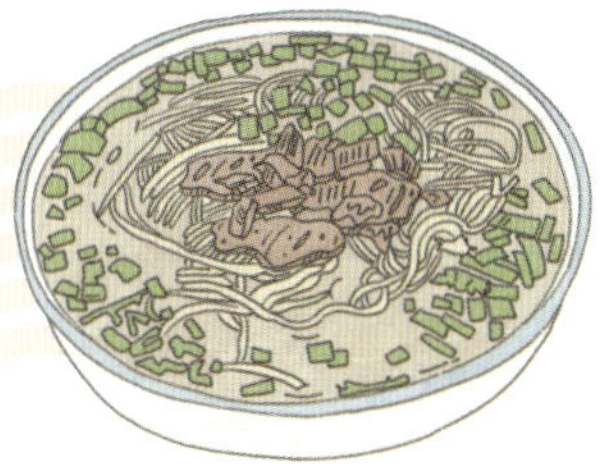

13 浆水面　甘肃

用浆水做汤汁的浆水面，味道酸辣清香，可谓北方面食一绝。制作浆水，要将白菜、芹菜等蔬菜泡在干净无油的面汤中，高温发酵至汤水味道变酸。浆水酸中带香，尤其是夏天做成浆水凉面，开胃爽口。

面条原料　小麦面

14 水川长面　甘肃

水川长面的历史可以追溯到宋代。以面条细长为特点的水川长面，煮熟后需先过凉水，搭配青菜、臊子和浓汤，再浇上一勺油泼辣子，就可以享用了。

面条原料　小麦面

15 炮仗面　青海

香辣爽口的炮仗面，是青海地区的家常面食。制作炮仗面时，先将面团扯成粗细均匀的长面条，待锅中水开后，把面条放入锅中煮至第一次开锅，然后捞出放在凉水中。等其他配菜炒至半熟时，将面条沥干，切成短条放入锅中翻炒。辣椒、胡椒、花椒等辛辣调料的加入，让炮仗面吃起来火辣辣的，犹如在嘴里放炮仗一般。

面条原料　小麦面

16 板凳腿面　青海

虽然名字相似，但与四川的板凳面不同，青海的板凳腿面是用当地盛产的青稞面制成的。不同于其他面类单独熬煮汤底再加入面条的做法，板凳腿面需要将擀薄切好的手工面直接放入调好的底汤中煮熟。

面条原料　青稞面

17 拉条子　新疆

拉条子在维吾尔语中叫作“拉格曼”，意为新疆拌面。作为维吾尔族人的日常主食之一，拉条子已有 4000 多年的历史了。制作拉条子，需要先将和好的面切成宽条，再拉成拇指粗细的长条，一圈圈盘在盘子或盆中，做成“剂子”。待配菜炒好，将剂子拉成细面条，下锅煮熟后盛在大盘中，浇上配菜拌匀食用。

面条原料　小麦面

18 藏面　西藏

独特的海拔与气候使得用西藏产的小麦制成的面食，口感与别处有很大不同。藏族人常吃的藏面，就是用当地产小麦制成的，口感仿佛有些夹生。藏面需要事先煮熟晾干，上桌前放入清香滚烫的牦牛汤中即可。

面条原料　小麦面

19 加加面　西藏

正宗加加面的分量不多，往往一口就能吃完，“加加”取的就是“吃完再加”的意思。加加面的汤卤用的是当地特色的“琵琶肉”。琵琶肉是将猪肉腌制后捆扎压扁成琵琶形，经过自然风干制成的一种加工肉类，炖煮后味道鲜美。在西藏吃加加面时，店家会在桌上放与客人所吃碗数相同数量的石头计数。

面条原料　荞麦面

20 麻汁面　山东

麻汁面是济南的传统面食，做法与凉面类似，将面条煮熟后浸入凉水中，捞出后与酱油、醋、蒜泥、麻酱汁、蔬菜丝混合拌匀。每逢夏季，在济南的大小餐厅和家常餐桌，都不难见到麻汁面的身影。

面条原料　小麦面

21 蓬莱小面　山东

蓬莱小面使用手工抻面（当地人也称“摔面”），面条细滑筋道。用当地盛产的加吉鱼配合八角、花椒、淀粉煮成汤底，再将鱼肉捞出切丁做卤。蓬莱小面有着浓郁的海鲜风味，是当地宴席上必备的压轴主食。

面条原料　小麦面

22 酸汤子　黑龙江

酸汤子是满族传统主食，用发酵后微酸的玉米碎制成。因为口感爽滑微酸，开胃爽口，酸汤子经常出现在夏季餐桌上。酸汤子下锅前，可以用汤套挤压成型，也可以用手攥成型，手工的酸汤子粗细相对不那么均匀。

面条原料　玉米碎

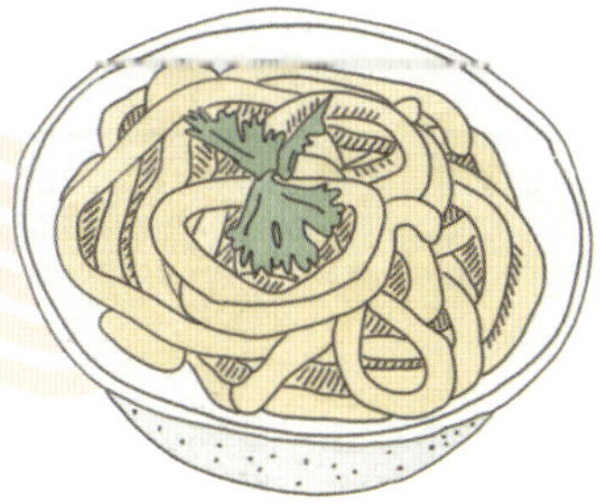

23 延吉冷面　吉林

冷面是朝鲜族的传统主食。酸甜清爽的牛肉汤，搭配冰凉弹韧的荞麦面，冰爽顺口。对延吉人来说，一年四季都是吃冷面的好时候。炎炎夏日，一碗冷面开胃解暑；冬日酷寒，吃碗冷面可以更好地适应户外的温度。

面条原料　荞麦面、小麦面

24 凌源剥面　辽宁

剥面又叫簸面、拨面，因用簸箕沿或形似簸箕沿的切面刀切制而得名。凌源剥面使用当地特产的荞麦面，面条清香，筋道润滑，煮熟后搭配精心熬制的卤汁，深受当地人欢迎。

面条原料　荞麦面

25 锦州鸡蛋手抻面　辽宁

制作时先将手抻面煮至半熟，放入油锅中与配菜一起翻炒，最后在外围浇上一圈蛋液，煎熟盛出。油香、面香和蛋香融合在一起，筋道美味。

面条原料　小麦面

26 烩面　河南

烩面的精华，在于精心熬煮的浓汤。讲究的烩面汤底，要用羊肉、羊骨一起熬制，白亮油香。原汁肉汤，搭配筋道的面条，再配上辣椒、糖蒜、香菜等小碟配菜，成就了中原地区最具代表性的面食。

面条原料　小麦面

27 捞面条　河南

捞面条是河南最家常的主食之一，它对面条的粗细、配菜的菜品都没有固定的要求。各家各户都可以按照喜爱的口味，搭配荤素菜品，或是选择面条煮熟后是否过水。汤汁较多、味道厚重的炒菜，都可以作为捞面条的浇头，其中最常见的要数番茄炒鸡蛋。

面条原料　小麦面

28 孟州炒面　河南

孟州炒面讲究现炒现吃，直接将湿面条放入炒锅，大火油煎至面条表面焦黄。然后将煎好的面放在菜上加高汤焖煮，令面条脆里带软，汤汁完全被面条吸收。挑一筷炒面入口，配菜的清香与面条的焦香相得益彰。

面条原料　小麦面

29 武汉热干面　湖北

热干面是武汉人过早必备的小吃之一。事先煮熟的碱面，在吃之前过水烫热，淋上芝麻酱、香油、醋、辣椒油，撒少许咸菜丁和香葱，搅拌均匀。人手一碗热干面边走边吃，是武汉清晨街头常见的景象。

面条原料　小麦面、碱面

30 襄阳牛杂面　湖北

香辣刺激的牛杂面，是襄阳人每天 早打开胃口的开始。把牛杂、牛油放进大锅熬煮成又红又辣的底汤，搭配事先煮过的碱面，放上一把爽脆的豆芽和一大勺红汤，再浇上一大勺风味独特的牛杂，滋味浓厚，回味无穷。

面条原料　小麦面、碱面

31 长沙米粉　湖南

早起吃碗粉是长沙人的习惯。长沙米粉的形状有圆有扁，圆粉弹牙爽口，扁粉容易入味，后者更受长沙人欢迎。烫好的米粉搭配高汤汤底，浇上事先做好或者新鲜炒制的配菜“码子”，就是老长沙人的心头好。

面条原料　大米

32 常德米粉　湖南

在常德，圆粉被称为“米粉”，扁粉则被称为“米面”。常德米粉中，以牛肉为主料的牛肉粉最出名，有清炖、红烧、麻辣等口味供人选择。

面条原料　大米

33 郴州鱼粉　湖南

水产丰富的湖南，日常饮食中少不了吃鱼。郴州人爱吃的鱼粉，就是新鲜鲢鱼搭配豆膏、茶油和朝天椒煮成鱼汤汤底，加入煮熟的干切米粉一同食用。鱼汤鲜美，又辛辣刺激，二者相辅相成，是当地最常见的早餐之一。

面条原料　大米

34 安徽板面　安徽

安徽板面也称“太和板面”，据说是因为面条制作过程中，需要在案板上摔打而得名。制作板面，需要将和好的面切成长方形面块，再把面块擀成面片，用力摔打成长条状。板面汤底通常为羊肉汤，汤中加入多种香辛料，味道辛辣刺激。

面条原料　小麦面

35 奥灶面　江苏

江苏人日常多以大米为主食，但苏式面同样也是当地饮食中必不可少的一部分。奥灶面，讲究“碗热、汤热、油热、面热、浇头热”，其中以红油爆鱼面和白汤卤鸭面最为出名。在昆山一带，如今还保留着用奥灶面贺喜的传统。

面条原料　小麦面

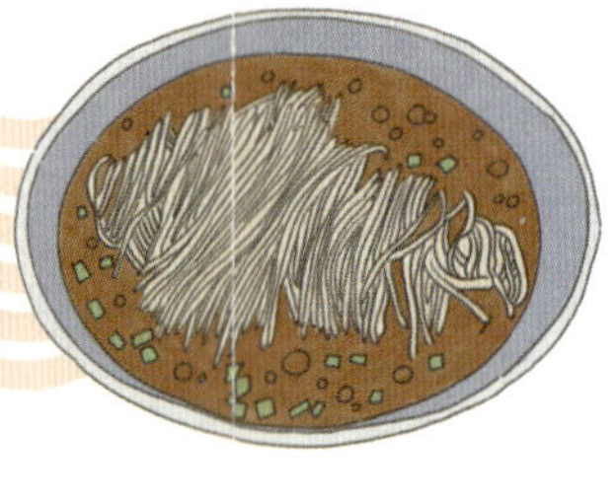

36 常州银丝面　江苏

制作银丝面时，需要在面粉中加入鸡蛋清，和面后用细齿面刀轧制。因为成品雪白纤细，故得名银丝面。银丝面虽细，但软滑弹韧，下锅后不会糊成一团。搭配用猪骨、黄鳝骨等多种食材精心熬制的高汤，汤鲜面热，别有一番风味。

面条原料　小麦面、蛋清

37 皮肚面　江苏

皮肚面是南京的特色面食。“皮肚”就是干肉皮，是将新鲜猪皮剔净肥膘，下锅煮至呈半透明状后捞出晒干，再用猪油炸制而成的。将干皮肚用温水泡软，切条下锅，煮出的汤面会带有浓郁的猪油香气。

面条原料　小麦面

38 淮安长鱼面　江苏

淮安人爱吃“长鱼”（黄鳝），以长鱼入菜，能做出多达108道菜式的长鱼宴。宴席之外，长鱼面也是淮安街头巷尾广受欢迎的面食。长鱼味鲜肉嫩，面条软滑，搭配高汤和小咸菜，味道恰到好处。

面条原料　小麦面

39 枫镇大面　江苏

枫镇大面又名白汤大面，是苏式面的代表之一。因为面汤用猪骨、黄鳝骨、虾头等食材熬制，不加酱油，白汤白面而得名。枫镇大面的浇头是长时间焖煮至酥烂的白肉，切成大块放在面上，清淡爽口，深受当地人的欢迎。

面条原料　小麦面

40 大排面　上海

大排面是上海地道的家常主食之一，浓油赤酱的红烧大排，搭配在碗中码得整整齐齐的面条，极具上海特色。咬一口香嫩的大排，挑一筷子面条，就是简单朴实的家常美味。

面条原料　小麦面

41 片儿川　浙江

片儿川是杭州传统的面食小吃，因为所有食材都要切成片状，放入水中汆烫而得名。片儿川的精华在于浇头，笋片、倒笃菜片、瘦肉片组成的鲜味，足以让众多食客回味无穷。

面条原料　小麦面

42 江西米粉　江西

江西米粉分为粗细两种，江西北部多吃细粉，中部和南方则多吃粗粉。细粉一般用来做汤粉，粗粉则多做成炒粉、拌粉。江西米粉的口味以辛辣为主。从早餐到晚餐，在街头巷尾，都能看到米粉的身影。

面条原料　大米

43 宜宾燃面　四川

宜宾燃面旧称“油条面”，因为重油无水、可以点燃而得名。传统的燃面是素燃面，如今也有加入肉末的荤燃面可供选择。因为面条在制作过程中用水较少，煮熟后充分甩干，所以燃面的面条与油脂、调味料能够充分融合，做到“松散红亮，辣麻相间”。

面条原料　小麦面

44 小面　重庆

红火麻辣的小面，是重庆最受欢迎的本地面食，重庆人对小面的喜爱绝不输给火锅。新鲜面条煮熟，搭配猪油、油辣子、花椒油、花生碎、榨菜粒、白芝麻、骨汤等各色配料，一碗热气腾腾的小面就可以端上桌了。早餐吃一碗小面，是重庆的男女老少再习惯不过的日常。

面条原料　小麦面

45 过桥米线　云南

过桥米线起源于云南蒙自县。吃过桥米线，标配是一锅汤、一碗米线加上众多配菜。汤虽然滚烫，但表面覆油，不冒热气；米线上桌前，已经烫过；常见配菜有猪里脊肉片、鸡胸肉片、豆腐皮、韭菜等。菜品上桌后，需自己动手，将米线与配菜放入汤中，趁热食用。

面条原料　大米

46 腾冲饵丝　云南

饵丝和米线相似，都是以大米为原料制成。二者相比，饵丝口感更柔韧，米香味也更浓。饵丝是由饵块切丝而来，在腾冲，煮饵丝和炒饵丝都是十分常见的做法。

面条原料　大米

47 肠旺面　贵州

肠旺面里的“肠”指的是猪大肠，“旺”指的是猪血旺。用红油臊子搭配脆嫩的大肠和猪血，佐以掺入鸭蛋的手擀面，是贵州人最爱的早餐之一。

面条原料　小麦面、鸭蛋

48 豆花面　贵州

豆花面是遵义的传统小吃。面条煮熟后浸在豆浆中，盖上一大勺豆花，吃时将面条捞出，就着单独配制的蘸水食用。入口之后，豆花、豆浆的豆香味，与蘸水的鲜辣融为一体，风味独特。

面条原料　小麦面

49 桂林米粉　广西

桂林山水甲天下，桂林米粉如今也在全国各地流传甚广。正宗的桂林米粉，讲究米粉白、嫩、爽、香。搭配特制的卤水、酸笋、酸豆角，着实令人胃口大开，

面条原料　大米

50 滤粉　广西

现煮现卖的滤粉，是广西融县的特色小吃。将糯米和大米混合浸泡后打成米浆，以漏筛筛入沸水中，便形成长条状的滤粉。滤粉煮熟后，既可以搭配蒜蓉、油辣、醋卤等调料凉拌，也可以加入其他配菜炒食。

面条原料　大米、糯米

51 海南腌粉　海南

海南人一日三餐都爱吃腌粉。容易入味的细粉，搭配油炸花生米、豆芽、肉丝、酸菜、香油、竹笋等各色配菜，拌匀后鲜香爽口。再喝上一碗海螺汤或青葱汤，更是回味无穷。

面条原料　大米

52 海南腌面　海南

海南腌面的知名度虽然不如腌粉高，却也是海南人最爱的早餐选择之一。黏稠的卤汁、顺滑的面条，搭配特制的猪杂和高汤，味道完全不逊于腌粉。

面条原料　小麦面

53 粿条　广东

粿条是用粳米磨浆蒸制而成的，与河粉相比，粿条略厚些，吃起来更软、更粉。潮汕人的日常饮食离不开粿条的身影，泡粿条、炒粿条都是常见的吃法。其中泡粿条的汤底常使用骨汤搭配猪杂或牛杂，是最受本地人欢迎的做法。

面条原料　大米

54 干炒牛河　广东

干炒牛河是广东地区最常见的主食之一，虽然看似简单，但其实是粤菜中最考验厨师基本功的一道菜。油太少，河粉容易粘锅；油太多，河粉口感太腻。翻炒不均匀，河粉镬气不足；翻炒过度，河粉会断开影响口感。

面条原料　大米

55 沙茶面　福建

福建人爱吃的沙茶酱，是由印度尼西亚的“沙嗲”演化而来的一种调味品。沙茶酱由花生、白芝麻、椰丝、大蒜、芥末、辣椒等多种原料混合制成，味道辛辣。沙茶面的做法并不复杂，烫面，下料，浇上沙茶汤，一碗沙茶面就可以上桌了。

面条原料　小麦面

If There is No Noodle

如果世界没有面

阿罗 | text

每个人的心目中，都有一碗难以忘怀的面。它或许是一碗家常的炸酱面，炸酱的配方是"妈妈的味道"，在你心中任何食物都无法超越它；或许是旅途中偶然吃到的一份意大利面，在语言不通的异国街头，是你意外尝到的惊喜美味；又或许是离开家乡后再也没吃过的一碗地道汤粉，如秋风起时的莼鲈之思，成为你割舍不了的乡愁。

广义的面的概念，不只包括用小麦面粉制成的面条。荞麦、玉米、大米、红薯……这些作物因为碳水化合物含量高，在世界各地常常被制成五花八门的主食。米饭、面包、馒头、面饼……莫不如是。将风味不同的作物磨成粉或浆，搭配鸡蛋、盐或碱水，制成形状与口感各异，既能长时间保存，又方便烹调的面条，是古今中外富有创造力的美食家们不可言说的默契。

面的历史，仔细数来至少已有4000年了。在我国的青海省，曾出土过一碗公元前2000年的面。这是如今可考证的世界上最早的面条。

827年，意大利面的前身"伊特利亚"，伴随着伊斯兰文化一起来到意大利西西里岛。14世纪，现代意大利面的鼻祖"特里"出现在威尼斯。

在我国唐代，来自日本的遣唐使将时称"索饼"的面条带回日本，成为日本面条的起源。

从拉条子、日本拉面到形状百变的意大利面，再到诞生于现代的方便面，如今在世界各地的厨房里、餐桌上，每时每刻都有面条正在被制作或大口享用。

从和面到上桌，面条的制作工艺与烹饪方式，在蒸煮煎炒间包含着厨房里的无数智慧与讲究。意面要煮到"Al Dente"（弹牙有嚼劲）状态，少不了大锅的滚水加上大把的盐。外滑内筋、软而不黏的刀削面，削面时需要"刀不离面，面不离刀。胳膊直硬手平，手端一条线，一棱赶一棱。平刀是扁条，弯刀是三棱"。广东人爱吃的干炒牛河，讲究"镬气足"，炒出的河粉干身不油腻，上色均匀，作为配菜的牛肉鲜嫩、芽菜爽脆。

更不用说油泼扯面上的油泼辣子、浆水面里的酸汤浆水、皮肚面中金黄脆香的皮肚、日式蘸面搭配的那碗浓汤、日本拉面里的大块叉烧、印尼炒面中不可或缺的桑巴酱……这些配菜、调味品和汤汁源自不同的饮食文化，使用的往往是当地人最熟悉的食材和烹饪手法。它们是令一碗面与众不同的点睛之笔，也是令众多游子与过客魂牵梦萦的秘密所在。

如果这一切都不复存在，早餐再也没有一碗热气腾腾的粉面暖胃，生日再也没有一碗长寿面庆祝，炎炎夏日再也没有一碗冷面消暑，旅途中的泡面也无处可寻，更不要说主食缺了半边天的意大利人，空留千百种美味酱汁只好搭配面包和比萨，那该是怎样的遗憾。

如果世界没有面，我们固然还可以选择其他主食饱腹，但这份空缺却是无可弥补的。生活中看似简单平常的东西，偏偏就是无可取代的。哪怕是一碗清汤挂面，在最需要的时候，也弥足珍贵。

面之奥义，博大精深。如果要为它著书立说，一本书恐怕远远不够。但我们仍旧希望能用这本书，为热爱面条的人们解开更多关于面的奥秘。在这本书中，我们将与精益求精的面条职人探讨让面条美味的终极秘方；我们去寻找世界各地的特色面条，记录下赋予它们不同滋味的特殊元素；我们还认识了许多来自天南海北的面条爱好者，品尝他们在四季三餐中反复锤炼出的家常味道。你可以将这本书看成一本世界面条图鉴，也可以当成一本传家面条宝典。最重要的是，这本书可能让你重新认识面条这种简单又复杂的食物，启发你去探索面条在生活中的更多美味可能。

一碗碗压好的手工鱼面。| 渔米丰 · 广州

受访人

坂本幸彦

日本拉面职人，拉面店
“面屋一灯”（麺屋一燈）主理人，
多次获得各种拉面奖项。

三森正幸

日本荞麦面职人，荞麦面店
“中华荞麦三藤”（中華そば三藤）
主厨。餐厅连续 3 年获得
东京米其林指南推荐。

撰稿人

张春

著名冰激凌师和“犀牛故事”APP
（应用程序）主编。已出版作品集
《一生里的某一刻》。

吴飞

常居北京，
“日常味”主理人，
设计师、摄影师。

yimi

美食内容主编。
做有故事的家庭料理，
写与吃有关的
厨娘心事。

白蓝蓝和灰爷

食物造型师、
美食摄影师、
独立撰稿人。

弥张

古典音乐专业出身的
味觉记录者。

Talking of Noodles

围桌谈面

张婷婷 | interview & edit

王硕

网络电台“坏蛋调频”的联合创始人之一，拍过电影，演过话剧，做 过编辑，写过专栏，当过司机，出过书。

说起面条，你首先想起的是哪种面？

兰州拉面。在北京除了一些国营老字号，很少有能从小吃到大的东西。要么是房租贵，被赶走了；要么是拆迁，让搬走了。在西直门有一家桥头拉面，一直在那儿，好多年了，从我初中的时候就在，现在还在。所以一提起面条，我首先想到的是那一家。

家乡有哪些有特色的面条吗？

我的家乡是北京，说到北京就是炸酱面。北京人吃炸酱面流行一句话：别人家的炸酱面都不如我们家的好吃。所以如果有人问“去哪个饭馆吃炸酱面”，要是碰上一个北京人，准保跟你这么说，但他不一定真的会邀请你去他家吃炸酱面。

如果世界上只能留下一种面条，你希望是哪种？为什么？

我去过的地方少，很多面没吃过。以吃过的经验来看，陕西面最值得保留，因为陕西主食比较单一，吃面的时候多，所以人们研究面的机会也多。因此，单纯看面，陕西面可能是很好的面，把陕西面拿到上海，配上好浇头，上海面也能更上一层楼。

请分享一次印象深刻的吃面经历。

有一次去一家位于北京的日本拉面店。看到一个猥琐男在约一个姑娘，泡妞手法很低端，一看就是事先做了一晚上日本拉面的功课，然后第二天约姑娘吃日本拉面的那种。其间那个男的和姑娘说吃日本拉面的时候得吸溜出声。我当时在他旁边那桌，跟同伴说：“原来传说过一种说法，说是吃日本拉面的时候要出声，显得礼貌。但那个传说传错了，不是吃日本拉面要出声，而是在日本吃拉面的时候要出声。只有在日本，才显得礼貌，和面无关。”

平时在家里会自己做面吗？

平时在家不做面，在饭馆做面，尤其是火锅店。一般饭馆卖的小面都一般，这也难怪，人家不是专业做小面的，小面只是兼营，做得一般是正常的。于是我就把脑花、牙梗什么的煮好了往面上一放，拍照，深夜发到网上。

吃面时有哪些特别喜欢的搭配？

我觉得辣椒很重要。我家附近有一家“老张拉面”，拉面很一般，但他们家的辣椒真的很好吃。每天深夜 1 点开门，早上城管上班的时候关门。

啖客

在金融行业从事相 关工作，最大的爱好是美食和旅行，平时通过社交账号“啖客”与朋友们分享美食体验。

说起面条，你首先想起的是哪种面？

意大利肉酱面，主要是去年夏天在博洛尼亚吃到了人生中最美味的意面，印象格外深刻。

家乡有哪些有特色的面条吗？

我是成都人，虽说大家总是会把成都和担担面联系起来，但是作为当地人，我却很少吃担担面，因为基本上没有地方在卖。我们比较常吃的是素椒炸酱面、甜水面和脆臊面，因为成都的面比较粗、比较硬，所以更适合干拌食用而不是浇汤。川南的面比较适合搭配汤来食用，比如红烧牛肉面什么的，因为那里的面是扁的，像韭菜叶子一样。

如果世界上只能留下一种面条，你希望是哪种？为什么？

世界上只留下一种面条的话，应该就是家乡的传统面条吧，毕竟只有家乡味才一直吃不腻。

请分享一次印象深刻的吃面经历。

深刻的吃面经历……有一年暑假我回国，因为时差的关系睡不着觉，早上 6 点刚过就开车去一家据说很好吃的面店吃面。这家店特别霸气的一点是面只有一种浇头，就是成都的那种干拌面。我去的时候因为特别早所以店里没有人，点好面之后就等着老板端过来。老板把面端给我之后，就坐在一旁看我吃。我刚刚准备用筷子把面和酱料拌均匀的时候，老板说：“一看你就是不会拌面的人，用筷子的姿势太不熟练了。”然后就过来抢走了筷子帮我拌好了面再递给我。后来我一边吃一边和这个充满个性的老板聊天，才知道老板开面馆完全是出于兴趣，卖完了就回家休息，并且面馆是不定期营业，周末都不开门。这种个性十足的苍蝇馆子在成都真是比比皆是。这位老板的个性和他家十分好吃的脆臊面给我留下了非常深刻的印象。

平时在家里会自己做面吗？

我一般只会在家里煮日本拉面和意大利面，因为我不会擀面……作为南方人，白案不是我的强项。

吃面时有哪些特别喜欢的搭配？

我吃面特别爱配鸡蛋，不管是日式拉面搭配的卤蛋，还是中式面馆的煎蛋，鸡蛋应该是我吃面时一定会搭配的食材，而且一定要有流黄，这样的鸡蛋才好吃。

韦立

食评人，生活方式博主。

说起面条，你首先想起的是哪种面？
蛏子蛤蜊拌面！是在上海的“一面春风”吃到的一碗超级好吃的面，鲜掉眉毛的海味儿跟面条最搭了！

家乡有哪些有特色的面条吗？
碱水面，是“竹升面”的一种，用粗大的竹筒压面，分全蛋和半蛋两种，通常用全鸭蛋液代替水，最是爽脆弹牙，口感韧性十足。

如果世界上只能留下一种面条，你希望是哪种？为什么？
碱水面！云吞是无法割舍的粤食，而它最佳的搭档只能是碱水面。

请分享一次印象深刻的吃面经历。
一次在入住的酒店式公寓里，发现公寓厨房里的厨具是我见过最齐全的，忍不住买了食材在房间里做手工意面。结果擀面时才发现没有擀面杖，只好用玻璃瓶代替，最后煮出来的面口感像极了扎实的面块！

平时在家里会自己做面吗？
只吃手工面，因为时间上不允许自己做，所以基本上想吃面就去餐厅里吃。

吃面时有哪些特别喜欢的搭配？
我最爱的浇头是白汁牛肝菌和龙虾肉，中式的则是红葱头碎。

公元 1874

本名何言，作家、编剧。20 年的时间里写了几百万各种各样的文字，依然不觉得疲倦。如无意外，写字将会是一辈子的职业。

说起面条，你首先想起的是哪种面？
北京的辣爆小公鸡拌面。

家乡有哪些有特色的面条吗？
我的家乡是贵州遵义，当地最出名的是豆花面。

如果世界上只能留下一种面条，你希望是哪种？为什么？
辣爆小公鸡拌面，因为太好吃了。第一次吃的时候我只有一个想法：世界上怎么会有这么好吃的面？我以后要是吃不到该怎么办啊？

请分享一次印象深刻的吃面经历。
童年第一次吃豆花面的时候，因为很辣，而且吃法很刁钻——需要准备三个碗，一个盛豆浆，一个放油辣椒，另一个放豆花面。吃的时候把豆花和面挑在放油辣椒的碗里，慢慢品尝。至于豆浆拿来做什么用——很简单，太辣了，需要喝豆浆解辣。

平时在家里会自己做面吗？
在家会吃方便面。其实方便面种类最多，不光是口味，连面的种类都有几十种，淘宝上全都有，吃不厌。

吃面时有哪些特别喜欢的搭配？
葱，大量的葱，再来两个荷包蛋，完美。

amor27

曾经的时尚媒体人，现在变身为微信公号“贱嘴和好东西”的主创，曾出版畅销书《日常烦恼的答案》。

说起面条，你首先想起的是哪种面？
日本拉面。

家乡有哪些有特色的面条吗？
读出来大概叫作糊糊面，就是煮得很烂的面，里面要加青菜。

如果世界上只能留下一种面条，你希望是哪种？为什么？
乌冬面，因为最常吃。

请分享一次印象深刻的吃面经历。
第一次在香港吃一兰拉面，是一个下着大雨的深夜，坐在一人食的座位上，特别有清冷的滋味。

平时在家里会自己做面吗？
会，最新做面方法参见电影《喜欢你》里金城武饰演的角色煮面的方法。

吃面时有哪些特别喜欢的搭配？
一定要放番茄。

老板娘正在用机器压鱼面。| 渔米丰 · 广州

一碗热气腾腾的炸酱牛腩伊面。| 坚记·广州

在吃完大部分尖椒辣子鸡后，让老板额外煮一份面条拌进去吃，是很多老顾客的选择。| ◎ 锅儿匠辣子鸡 · 成都

担担面的芽菜和肉臊煸炒去水分，倒在底部有芝麻酱的面条上，香气四溢。| ⊙ 丁胖土碗香 · 成都

乌冬面

大虾面

沙茶面

刀削面

福州粉干

海鲜
炒米粉

牛什面

鳝糊面

海鲜面

凉皮

扇贝番茄
意面

炒乌冬面

卤菜粉

拌面

炒面片

大肠面

榨菜
牛肚面

牛丸粉

牛肉面

荞麦面

青酱意面

狮子头面

菠菜意面

馄饨面

石锅
土豆粉

虾仁拌面

鱿鱼粉

肴肉面

贝壳面

鳝丝
虾仁面

臊子面

辣酱面

鸡肉汤粉

苏式
焖肉面

西红柿
鸡蛋面

麻辣小面

Chapter

01

中国的面

Noodles in China

Noodles in Guangdong

从早茶吃到夜宵的粉与面

ding | text PYHOO | photo

竹升面是广东的传统面食，因手工制作时需要用到竹竿而得名。

⑨ 在广东人眼中，或许“粥粉面饭”才称得上是中国的四大发明。粥、饭自不必多言，而外界往往以为粤人不爱面食，其实不然。广东人钟爱的竹升面、云吞面、伊面和鱼面，无不具有本地特色。河粉、濑粉、陈村粉等粉类主食，也常常出现在老广的日常餐桌上。清早起床、午间小憩、晚餐聚会、夜宵填肚，粉和面已经深埋于广东人的饮食记忆中，混杂在一日四餐里，与每时每刻都能完美融合。

● 以三成肥肉和七成瘦肉为馅料，与大小适中的河虾和在一起包成的云吞，是竹升面最好的搭配。

竹升面

传统的竹升面为手工制成，之所以取名为“竹升面”，是因为做这种面需要用到一根竹竿，但因为竹竿的“竿”字在粤语中寓意不好，广东人便将它唤作“竹升面”。

要做传统的手工竹升面，一根上好的竹竿是必不可少的，通常以长为 1.8 ~ 2 米，直径 10 厘米的厚芯竹竿为最佳。选用的竹竿太粗，压打出来的面身会太硬，不柔软；竹竿太细，面条又会没弹性。

当然，在整个制作面的过程中，最考究的还要数师傅的打面力度。师傅搓完面团后，把面团放在案板上，接着骑坐在竹竿一头，一上一下地用力弹跳，让竹竿不停地碾压面团，压薄了，折叠再压，直到面薄如纸后再切面。

通常和面的时候，不加鸡蛋，而用鸭蛋，这样打出来的面不仅爽口，而且蛋香浓郁。最后加上碱水，以增加弹性。

竹升面分为两种：一种是“全蛋面”，用鸭蛋和面，绝不加一滴水，面条爽滑，韧性好，蛋味香浓；一种是“半蛋面”，用鸭蛋与一定比例的水调配和面，面条爽滑可口，口感细腻。广东人爱食细面，因此制面师傅最后会用刀将面团切成细面条盘卷。

煮竹升面的时火要猛，水要开，而且要开得均匀。水质清，即煮即食。

在广东人的概念里，一碗粉面除了主食本身，配料和汤底更显美味。竹升面的最佳搭配自然是云吞，以三成肥肉和七成瘦肉为馅料，与大小适中的河虾和在一起，包成云吞，配成云吞面。

放面时也有讲究。先在碗里加适量的汤，然后放汤匙，在汤匙上面放菜或者云吞等配料，最后再加煮好的面，这样才能使面不会因为泡得太久而变得不再爽口弹牙。

◍干炒牛河，被认为是考验广东厨师基本功的一大测试。

汤底一般是由上好猪骨、大地鱼、虾头三大主料熬制数小时而成。有些面馆还会在面熟了之后，用猪油捞一捞再加汤。

食用竹升面之前，先饮一口茶清口，讲究的人再呷一口浙醋，吃一块“咸酸”（一般为腌萝卜）开胃。面香氤氲里，香浓清汤，爽口竹升面与弹牙云吞融为一体。

炒 牛 河

“河粉”是“沙河粉”的简称，沙河粉源于广州市白云山东南麓的沙河镇。据传早在清末民初，当地有一家叫义和居的茶寮，老板发现米浆蒸熟切成条状，再搭配酱油、葱花，非常可口，这就是沙河粉的雏形。后来河粉名声大起，逐步变成广州的传统美食之一。

在众多河粉的做法中，最出名的就是炒牛河，分为不加芡汁的干炒和加入芡汁的湿炒。炒牛河听起来很简单，但除了好食材带来的一个“鲜”字外，出品与师傅的手艺有极大关系。

干炒牛河的精髓在于“镬气”。芽菜爽脆、河粉干身、条条上色、上桌火热，离不开师傅对镬气的准确把握，用猛烈的火力快速翻炒，使食物味道得到最理想状态的释放。

湿炒牛河也离不开师傅的手艺。炒河粉要大火快炒，不可过多翻动，以免将米粉炒碎；接着炒牛肉，加余烫熟的芥蓝，再将淀粉汁倒在炒好的河粉上就算大功告成。定要趁热食用，否则河粉会粘连在一起。

湿炒绵密，干炒爽口，无论是哪一种炒法，都不简单。比起湿炒，干炒在各大食肆更普及，但越是平民的菜式越见真章，也有人说，干炒牛河是检验粤菜馆水准的利器。无论是挑剔的美食家，还是普通人，对一盘干炒牛河的至高赞美，都是“镬气逼人”。

什么是“镬气逼人”？电影《满汉全席》里面的说法可以作为参考：“油多就腻，油少会焦；每条河粉要色、味均匀，豉油太多味会太重，豉油不够味又太淡；牛肉要过油六成熟，原汁就会留锁在牛肉里；再起镬多煮两成，就会香、滑、爽口；当牛河上桌的时候，揦起来不能够有多余的油和豉油留在碟子上，那样才叫作够干身，不会腻口。”

伊 面

伊面原名“伊府面”，可以说是广东版本的“方便面”。

相传 300 多年前伊秉绶出任广东惠州知府时，家中宴客，厨师在忙乱中，误将煮熟的蛋面放入沸油中，捞起以后，只好用上汤泡过才端上席。谁知这种蛋面竟赢得宾主齐声叫好。后来，由于家中有许多文人墨客前来拜访，厨师常常忙不过来，伊秉绶便让厨师用面粉加鸡蛋掺水和匀后，制成面条，卷曲成团，晾干后炸至金黄，储存备用。这种面加上佐料，放到水中一煮即可招待客人。诗人、书法家宋湘尝过后觉得非常美味，又知道它还没有名字，便说：“如此美食，竟无芳名，未免委屈。不若取名‘伊府面’如何？”从此，伊府面流传开来，又被简称为“伊面”。

如今，在广东的茶楼菜单上，伊面的形式千变万化，无论是韭黄肉丝炒伊面的传统粤式风味，还是芝士海鲜伊面的欧式风味，都深受广东人欢迎。

伊面，粤菜经典主食，被誉为速食面的鼻祖。

用面粉加鸡蛋掺水和匀后，制成面条，卷曲成团，晾干后炸至金黄，即可储存备用。

伊面的搭配千变万化，既可以搭配炸酱作为拌面，也能与汤和云吞搭配，煮一碗云吞伊面。

陈村粉是一种米制面类，以薄、爽、滑、软为特色。

●鱼面，以鱼糜为主料。吃一碗鲜美的鱼面，令人齿颊留香。

陈村粉

陈村粉源于广东省佛山市顺德区陈村镇，跟“老牌”沙河粉相比，陈村粉属后起之秀。

大约在1927年，顺德陈村人黄但创制出一种以薄、爽、滑、软为特色的米粉，声名鹊起，当地人称之为“黄但粉”“粉旦(但)”。传到外地后，外地人则以“陈村粉”名之。

陈村粉有三个重要的特点：一是米香味浓郁；二是厚度很薄，只有0.5~0.7毫米；三是韧性适中，柔韧性十足而又嫩滑。

由于制作精细，陈村粉产量不高，一天只能产粉几百斤，显得格外“金贵”。经不断革新，陈村粉的烹制方法已由传统的几种激增至近40种，而且风味各异。蒸着吃糯、炒着吃爽、滚着吃韧，不过大部分本地人还是更习惯蒸食，觉得这样做更能体现粉的柔韧嫩滑口感。对很多本地人来说，将榨菜肉丝撒在热气腾腾的陈村粉上，每层粉都薄如蝉翼，嚼起来又筋道十足，就是少年时每天早起上学的最大动力。

鱼面

鱼面是将鱼糜（马鲛鱼为主）、小麦粉或者淀粉，与食盐按配比混合，挤入沸水中烫成面条状，故称鱼面。纯手工制作的鱼面味道鲜美，弹性十足，保留了鱼鲜，却没有鱼腥味。

鱼面原本来自外地，但经广东人不断改良后，已经成为当地人心目中的新粤式特色美食。

食鱼面，在老广州人眼里，是一种再平常不过的生活。粤语里的“肚饿食返碗鱼面”，是广州人每天生活的真实写照。

制作鱼面，除了力道要控制得宜，更要掌握鱼肉的新鲜度，因而每天产量有限。

鱼面也有做汤、煸炒等多种做法。汤鱼面味道鲜美，与鲜鱼肉、鱼丸、炸鱼皮、豆腐是完美搭档。用虾干、生菜丝煸炒的虾仁炒鱼面，则香口弹牙。除此之外，还有炸酱等做法。

濑粉

濑粉是一种用稻米打磨之后的粘米粉和热水制成的长粉条。开平、恩平等地还特别把濑粉作为中秋节的传统小吃，在香港和澳门，濑粉也是很常见的食品。

过去濑粉由冷饭晒干后，磨粉而成；现在的濑粉则以粘米为主要原料，加水和成浓稠度适中的粉浆，蒸成细长而有韧性的圆条状透明粉条。

传统的濑粉是用铁锅烧开水，锅上放一铜漏筛，将浸透的黏米粉倒进筛内，然后用有柄圆木厚板大力压下，米粉条便会从一个个筛眼里落入锅内。待米粉条煮熟时，放进冷水里"过冷河"，捞起即可。食用时，放滚水浸热濑粉，然后根据自己喜好，放上芝麻、蒜蓉、胡椒粉等调料搭配。浓稠米浆，加入虾米、冬菇、猪油渣、榨菜等配料，撒上萝卜碎、香菜、葱花，再将濑粉和汤料搅拌起来吃，香浓无比。

◍ 粿条是潮汕地区有名的地方小吃，吃起来柔软醇香。

粿 条

“粿条”主要是福建闽南地区和广东潮汕地区的叫法，海南人和广东、福建、台湾等地的客家人则将其称为“粄条”。而今新加坡、马来西亚等地的粿条，其实是由大量闽粤移民带过去的。

粿条没有公认的起源，但是据著名的潮汕美食学家张新民根据潮州一首古老的“关神曲”推断，粿条这种食物在明代就已经出现，最早是作为祭祀品使用的。所以河粉的出现晚于粿条的可能性很大，或许其制作灵感就是来源于粿条。

关于粿条和河粉的混淆，实际上，许多在外的潮汕人自己也分不清河粉和粿条。连“食神”蔡澜也曾说过：“粿条，粤人称之为沙河粉，简称河粉。”（《蔡澜谈食材之粿条》）

其实两者放在一起稍微比较一下，就会发现无论是外观，还是口感，两者均有较大的区别。

河粉的制作原料是米浆加薯粉，韧性更强，吃起来比较爽口，而且不容易断，外观更晶莹剔透一些。粿条是用粳米磨浆加入极少量生粉大火蒸成，相比河粉更厚更细，呈不透明乳白色。因为口感比较饱满，潮汕人又称之为“饱嘴”。味道与河粉相比，米香更重，口感偏软偏粉。

说到底，粿条与河粉的根本不同就在于米浆的比例和材料的细微变化中。

在潮汕，粿条比河粉更为常见。泡、炒、干三大吃法已经占据潮汕人日常饮食的一大部分。

泡粿条在潮汕属于吃法中的爆款，最主要的是汤底。粿条佬（专门卖粿条的商贩）都会先把牛杂或者猪杂在另外一个沸水锅中迅速过一遍，再倒进骨汤锅中，这样汤汁才能又清又鲜。一碗粿条，猪心、猪肝和瘦肉基本是标配。

炒粿条同炒河粉一样，也有干炒、湿炒之分。潮汕最出名的便是牛肉炒粿条，牛肉需要逆着切成片，用白糖腌渍 20 分钟，然后才能加油、生抽调味，而不用盐。搭配爽口的芥蓝，与干炒牛河可谓是环肥燕瘦，各具特色。

最后一种是干粿，多为粿条拌沙茶酱、花生酱和芹菜粒。特制的酱料与粿条拌在一起，让人胃口大开。

粿条吃起来口感扎实，吸收了汤汁的味道，却又不容易泡烂。

Rice Noodles in Yunnan
云南的米线

刘晓曦 | text　阿罗 | edit　冯子珍 | photo

过桥米线稳坐云南米线的头把交椅。

米线不是云南独有，湖北、湖南、江西等地的早餐摊上，热腾腾的“细粉”都是云南米线的宗亲。但有意思的是，说起米线大家想到的都是云南。云南人对米线的热爱有时令外地人咋舌不已：不仅早餐要吃，午餐和晚餐时也会把米线当作主食；不仅要煮着吃，凉拌、炒制等各种烹调方式层出不穷。米线的原料、配料和调料，大概足以画一张云南米线地图，再写出一本米线文化典故书籍。但说来说去，其实都不如一碗近在手边的米线，搛一筷子顺滑的米线，配着复杂的“臊子”和鲜香的汤汁，丰富的层次在舌尖碰撞，在胃里相遇，这才是最实际的享受。

过桥米线

提到云南米线，最有名的莫过于过桥米线，靠着一味“鲜”，过桥米线牢牢把持着云南米线的头把交椅。

和外省遍地开花的速食过桥米线店不同，在云南，过桥米线有着很讲究的吃法。汤要用大骨和老母鸡一起炖足8小时，配菜更是精巧复杂：一碟鲜绿的韭菜，一碟撕成细丝的白煮鸡胸肉，几段泡发的竹荪，几片红亮透光的宣威火腿，把薄可透光的生里脊肉夹到鹌鹑蛋液里滚一层外衣，用滚水烫几张豆腐皮，还有脆嫩的豆芽和玉兰片，几丝鲜蘑，几瓣可食菊花，按照先肉后菜的顺序倒入汤中烫熟，最后往这一碗鲜汤里放入一份顺滑劲道的酸浆米线，扑鼻的香味便四溢开来。

你能肉眼看到，鼻尖闻到，舌尖尝到，山里的鲜味都聚在这碗米线里了：爽脆的竹荪、裹着蛋液烫熟的嫩滑里脊、柔韧的鸡丝和浓香的豆腐皮。

喝一口汤是一个“鲜”，吃一口米线也是一个“鲜”，这一碗层次复杂的“鲜”下肚，你会觉得看着湛蓝的天，烤着暖烘烘的太阳，从每个毛孔溢出的都是满足。

● 豆花米线将豆花和米线相结合，吃起来别有一番风味。

元阳红米线

元阳最出名的是梯田，每年五月，梯田里的水满满的，层层叠叠像一面面工艺繁复的镜子，虽不如凡尔赛宫镜厅那样华美，但自有一股浑然天成的大气。尤其是早晨第一束阳光斜斜地打到这些“镜子”上时，伴着轻盈流动的雾气，那层层蜿蜒的梯田便美丽得令人仿佛置身仙境。梯田不仅景美，还创造了独属这一方的美味——元阳红米（糙米的一种），爱吃米线的哈尼族人用这种红米做成红米线。颗粒细小的糙米做出的米线比正常的米线更细，色泽是淡淡的粉，入口很有韧劲。

吃红米线往往会搭配一碗浓香的羊汤，搁上葱花和薄荷，减腥去腻，汤里必须厚厚地撒上花椒粉和胡椒粉，入口是浓重的咸香，一碗下肚，便有一层汗蒸腾出来，酣畅淋漓。

豆花米线

为了丰富米线的口感，老昆明人发明了一种独特的吃法——在米线边舀一勺豆花。烫过的米线放在土碗里，加入煮过的水豆腐脑，再依次放上杂酱、韭菜、花生碎、冬菜粒等调料。下筷子把那一碰就碎的嫩豆花和米线、调料拌匀，入口即是淡淡的甜味，脆脆的冬菜粒饱满弹牙，花生碎爽脆添香，豆花的素净柔和了辣酱的鲜辣，米线的软滑沾满了韭菜的清香。早上吃上一碗豆花米线，便是美好一天的开始。

罐罐米线

为了吃好一碗米线，云南人除了在原料、配料、调料上下功夫，连选择容器也颇费心思，“罐罐米线”便是一绝。

飘香四溢的肉酱是杂酱米线的灵魂。

在云南的昆明和楚雄等地，你会看到有些米线店专门设立了烤架，但烤架上烤的不是时蔬鱼肉，而是一排排口径 4 ~ 5 厘米、罐径 6 ~ 7 厘米的无盖陶土小罐，在那一个个小陶罐里“咕嘟”作响的就是口感麻辣的“罐罐米线”。

陶土罐子里有米线和汤，还有臭豆腐和薄荷叶，将熟的时候，往罐中放些辣椒粉和盐，搅拌均匀后便可以吹着热气小心地吃了。入口的米线早已被罐里浓厚的臭豆腐和汤汁充分浸润，又裹着些辣椒，腾腾的热气伴着浓厚的香辣毫不客气地侵占你的五感，刺激你的汗腺。偶尔吃到一口清凉的薄荷，那简直就要感动得流下泪来。

杂酱米线

杂酱米线在云南米线里看起来是最不起眼的，既比不上过桥米线的用料精细，又比不上红米线的原料特别，它没有豆花米线的柔腻，也没有罐罐米线的刺激感。但对云南人来说，简简单单的一勺杂酱，配上韭菜、葱花和简单煮熟的酸浆米线，大概才是最朴实日常的云南味道。

杂酱米线的要义就在于那一勺杂酱。杂酱可以说是家家户户都有的，带肥的猪肉剁馅，入锅煸炒出油，往里放入喜欢的酱料，有的人家连酱料也是自家做的。当肉馅和酱料充分裹匀的时候，便可以把这一锅肉酱舀进搪瓷的口缸里，浸着红红的油，常温状态就能保存。每次煮米线的时候，舀一勺肉酱放到汤底，和着葱花、韭菜被滚热的汤浇出香气来，便是最简单方便的一碗杂酱米线。每家每户用的酱不同、肉不同、煸炒的时间不同，做出的肉酱滋味就不同。尝到口中的滋味虽是不同，但每一种滋味沉到心底，唤起的大概都是最熟悉、最温情的家的感受。

Noodles in Shaanxi

凉皮与油泼面

张爽 | text　阿罗 | edit & photo

凉皮，形似宽面，接近透明，搭配多种调味料调和，口感极佳。

◍ 调好的米皮吃起来酸辣劲爽，风味十足。

⑤ 陕西以面食闻名，凉皮更是个中翘楚，它的历史是否真的可以追溯到秦始皇时期已不可考，却足以证明凉皮存在于陕西人最初的记忆里。对陕西人来说，凉皮是一种基于地域特色的改造食物，夏能解暑，冬可保温，尤其是在夏季烈日炎炎的关中平原，没有比凉皮更清爽的食物了。一碗凉皮，一个肉夹馍，已经成为每一个陕西人的必然选择。酸开胃，辣提香，又无热气叨扰，介于正餐和小吃之间，解馋和充饥一气呵成。⑤ 陕西号称有百种面食，单是凉皮在各个地区之间就有不同，依据原料、制作方式、调味方法的差异可分为米皮、面皮、擀面皮、麻酱凉皮几个大类，口感各异，俱有追捧。

凉 皮

制作凉皮的关键环节是洗面筋，很多陕西人都会在家自制凉皮。把面粉加盐、水和成团，盖上湿布醒 30 分钟，再把醒好的面团放进水里反复揉搓，直到面团变成微微泛黄、有细小孔洞的面筋。洗面筋的水静置分层之后，下层的沉淀物就可以用来做面皮了。很多陕西人的记忆中，家里总有两个专门用来蒸凉皮的模子，给模子里刷一层熟油，一勺面糊晃匀，隔水蒸几分钟，再放进凉水里冷却，两个模子交替使用，不用调味就能闻见面皮香混合着油香，勾动味蕾。将凉皮切条之后按照喜好放上面筋和豆芽，有些家里还会加上黄瓜、小芹菜等时蔬，倒上蒜水、盐、醋，再加一勺辣椒油，拌匀了就能吃，酸辣爽口。

米 皮

陕西有句俗话："乾州的锅盔岐山的面，秦镇的皮子绕长安。"米皮最有名的地方便是秦镇。秦镇旧名沣都，是西周时的京畿之地，历来物产丰富。和一般的凉皮制作方法不同，米皮要将大米磨成粉，再晒成米面，米面加水、盐和匀，用温水烫开之后再加凉水和成米浆。把米浆倒在铺了湿布的蒸笼里抹平，旺火 10 分钟就能蒸熟。去手工做米皮的小店，最有趣的就是看老板切米皮，用的铡刀足有 1 米长，左手压住一头，右手握刀快速上下，米皮就在刀下变成了细长条状。秦镇米皮用的辣椒油格外讲究，茴香、花椒、干辣椒等佐料放在油里反复熬制，越熬越红，越熬越亮，香气扑鼻，辣味十足。

擀 面 皮

擀面皮是宝鸡地区的特色面食，尤以岐山擀面皮最为出名。擀面皮据说是由唐代冷淘面演变而来，口感筋道又有韧性，和其他凉皮大相径庭。擀面皮制作过程也很特别，洗面筋和沉面糊的步骤和制作凉皮完全一致，到了要蒸的时候，则是将整盆面糊直接上锅蒸到半软，用勺子刮出一块，迅速用擦油的擀面杖擀平放进蒸笼里，抹一层油再放一张，最后一张张摞成一叠，上锅蒸近一小时才算完成，非常考验功力，擀面皮的名字也正是由此而来。很少有人家里会自己做擀面皮，店里也是每天早上现做现卖，因为做好的擀面皮哪怕放在冰箱里保存，也会变得坚硬难以下咽。因此相比其他种类的凉皮，擀面皮更像是一种当地私享的舌尖乐趣。

麻酱凉皮

麻酱凉皮是一种清真吃法，在西安回民街处处可见。凉皮的做法并无特别之处，只是蒸得较厚，口感绵软，调汁水的时候以麻酱的味道为主，更加黏稠，但酸味并不明显，也很少会大量添加辣椒油。品尝麻酱凉皮，吃的就是麻酱和厚面皮浓郁的滋味。

凉皮的滋味其实非常简单，正是这种简单使其在八百里秦川的千百年历史中，始终未曾消逝，反而愈发坚实。陕西人一日三餐都可以吃凉皮，配着稀饭、肉夹馍也可以吃凉皮。再小的馆子，家家做出来的凉皮的厚薄、软硬、调味用的汁水、搭配的辣椒油的味道都不相同，像是每家人的个性都融入其间。醋怎样，辣椒油够不够香，凉皮是不是自己家做的，都成了判断一家店优劣的标准。陕西人在这一点上也异常坚持，这是无论经过多少时光也不会被消磨的口腹之乐。

油泼面

油泼面是陕西最为家常的食物，因为无论擀面、扯面还是泼辣椒，都是陕西人必备的技能。小说《白鹿原》里描写白嘉轩蹲在门口吸吸溜溜地吃一碗油泼面，关中人的形象与关中的风韵瞬间变得活灵活现。

无论是油泼面，还是蹲着吃饭的习惯，都是从农耕时代沿袭下来的。关中地区主要种植粮食作物，蔬菜种类并不丰富，而种田又是需要大量体力的劳动，因此一大碗泛着辣椒香和油香的面条，就成为青壮年劳动力补充体力的最佳选择。

油泼面的面条种类繁多，最常见的就是所谓“陕西八大怪”中的“面条粗得像裤带”。做扯面的动作相当利索潇洒，把揉好的面团揪成剂子，再把剂子揉成条状，抹油堆好二次醒发。扯面之前要先把剂子擀平，用擀面杖在中间压出一条凹槽，两手拽着剂子两端，以甩动的姿势扯面。面条摔在案板上的声音脆亮，扯面人双手愈展愈开的姿势也潇洒非常。把扯好的面从中间撕开，留着一端不拽断直接扔进开水锅里。若是熟练，动作一气呵成，像是某种深藏于厨房的杂技。

油泼面并没有真正意义上的浇头，突出的是面本身的口感和油泼辣子特有的香气。煮好的面条和豆芽、青菜一起堆在碗里，放上调料和葱，撒上一把辣椒面。长柄大勺里的油烧热浇在辣椒面上，刺刺啦啦蹦着油花，辣椒和油的香味被瞬间激发，味蕾也在这声音里被唤醒。厨房里泼油的声音，就是开饭的号角声。

陕西的面食分量都很大，宽面好煮又挂油，一碗油泼面拌匀了连碗都泛着红亮的油光。这种食物仿佛天生为狼吞虎咽准备，怎么也找不到优雅进食的方法。不过想想祖辈们都是蹲在田垄上、家门口捧着碗吃面，倒也没什么优雅的必要，反而觉得自己就像是《白鹿原》里的某个人，吃着一碗油泼面，胃在这里，魂就在这里。

油泼面靠的就是面本身的口感
和油泼辣子的香气。

Suzhou Style Noodles in Shanghai

上海人的苏式面情结

yimi | text&edit 阿罗 | photo

沧浪亭的大排面，面条码入事先装有底汤的面碗中后，加入红烧大排。

叫一个上海人谈吃面，有一点儿奥妙。上海人喜欢吃面，可是老上海人喜欢的多是苏式面。这苏州人的家底，叫上海人来谈，多少有点儿班门弄斧的嫌疑。再者，上海好吃的老字号里虽然很多是面馆，但追根溯源，除了苏锡帮，还有淮扬、安徽等地的老底子撑着。一座移民城市里的好滋味，是各地口味的糅合。

可以说的故事太多，一时也不知从何说起。更何况，上海每个区的居民还有自己认定的各色面馆。一个徐汇区的孩子很有可能长到十几岁，也没有去过位于对角线上的杨浦区。

陈丹燕在《上海的弄堂》里写了一段很有意思的话：“上海这地方，有时让人感到像里面还有许多小国家一样。就像欧洲，人看上去都是一样的人，仔细地看，就看出了德国人的板，法国人的媚，波兰人的苦。住在上海不同地域的人，也有着不同的脸相。所以，在上海从小到大，住了几十年的人，都不敢说自己是了解上海的，只是了解上海的某一块地方。”

过去卢湾区有自己的“四大面馆”，虹口区有人人爱的“万寿斋”。各个街区、各条弄堂里的私家面馆，更是多到数不清，不足为外人道也。

所以叫我一个人来谈“上海的面”，实在难为情。

但是，上海人还是最喜欢苏式面。对苏帮面的情结牵连着往日，那是城市的旧梦。几碗家常面，大概每家每户都有与之相关的记忆和故事，那是平淡岁月里的珍珠。

上海老一辈人爱吃面，那是随了苏州人。

苏州人吃面是有传统的，“一碗汤面”是每日的必修课。陆文夫写在《美食家》里的文字，就是最好的写照：“眼睛一睁，他的头脑里便跳出一个念头：快到‘朱鸿兴’去吃头汤面。”

小时候我跟着外公出门吃面，见识听闻了许多“苏式面的规矩”。这些规矩，都是老上海人对一碗苏式面的执念。

位于重庆南路和淮海路交叉点的“沧浪亭”，曾是吃苏帮面的好去处。外公总是骑自行车过去。到了快上初中的时候，“沧浪亭”在家门口开了分店，于是我“每天一碗面”的日子过了有那么四五年。

那时候的面馆里，还能听到一些点面的“专业术语”。面汤的种类分“白红”；面汤要多要少，用“宽紧”；浇头多些少些，用“重免”；浇头选一还是选二，说“单双”；浇头若是和面分开，单独用盘子装好上桌，叫“过桥”。连起来吆喝，很有意思。

外公最常点单浇的焖肉面，总是红汤，用三两龙须面，宽汤、重浇、过桥。等这平平常常的一碗面上桌，你就会发现它充满了苏州人特有的那种细巧、精雅之美。

红汤色如琥珀，清澈透亮。猪油花和小青葱末在面汤上星星点点，煞是好看。面条码在汤里，依旧根根可见。后来我才知道红汤、白汤其实是一样的底汤，每家面馆各有独门秘方：猪骨、鸡骨、鳝骨、火腿、蹄髈……外人很难一探究竟。底汤以 10：1 的比例加盐水，就是清汤；加酱油，则为红汤。在上海，老爷叔吃面，点红汤的是多数。什么时候点白汤？夏天吃枫镇大面的时候。

苏式汤面，用的都是龙须细面。不比北方面条造型的花样百出。好一些的面馆，都会自己压制面条。选用好的高筋粉和新鲜鸡蛋，做出来的面条才能遇汤涨而不烂。用上海话来说，“吃口才会好”。这种龙须面，煮的过程特别具有观赏性。小时候去的面馆，煮面的窗口一般都是开放式的。隔着半截玻璃，就能清清楚楚看到师傅们煮面的“奇妙三分钟”。

煮面的师傅通常都穿着一身白衣服，收下食客从玻璃窗口递进来的小票，瞄一眼，把小票放进小碗里，转身就去煮面。一碗面所需的面条分量，随手一抓便是。面条被成团投进大铁锅里，用很长的面筷快速地拨散。铁锅旁装着水龙头，师傅总是看准时机，打开水龙头往锅中加冷水。加了冷水，就又要用面筷拨一拨面条。再煮开的时候，师傅就会用面筷把面条全部捞拨进漏勺。

而煮面最好看的部分就在此时：师傅们将漏勺里的面条朝着空中掼两掼，就这么两下又巧又有力的大甩水，将面条上的面浆全部甩去，并且面条已经卷起裹紧，像用牛角木梳梳过一样，整整齐齐。将面条码入事先已装有底汤的面碗中，搭出一个桥型，“桥面”微微露出汤面，就好像鲫鱼背一般好看。

这种传统的苏式面造型，现在已经很少有师傅能做得好看。我曾经在家里练习过许多次，借着筷子帮忙能摆出个大概，但加了面汤就一副软趴趴的松散模样，完全无法叫我沾沾自喜。而现在外面的面馆，多数已背弃传统。就连老字号的“德兴馆”，如今的面也是“一团乱麻”就端上桌，真让人丧气。

如果说汤底和面条是一碗好苏式面的底子，那么浇头就是这碗面的门面了。焖蹄、爆鱼、虾爆鳝、香菇面筋、素鸡、辣肉、辣酱……都是一年不间断供应的常规品种。

我外公最喜欢的焖肉就是苏式面中最经典的浇头之一。这焖肉其实外婆做得也很好，只是费些工夫。

一整块上好的五花肋条先用盐涂抹均匀，然后用重石压在肉上至少 5 小时，让猪肉纹理间的血水全部出来。处理好的猪肉洗净表面的盐再焯水。另起一炖锅，下葱、姜、大料以及老抽、绍酒和糖，加入猪肉小火慢炖，直至酥烂而不失其形。做好的焖肉浸入热面汤，肥肉一抿就全部化掉。这就是焖肉最好吃的时刻。

除了常年写在点餐台竹片上的这些面，那些一年只供一季的时令特色面，更叫人心心念念。

春天有三虾面，精巧清鲜。
夏天有枫镇大面，清爽落胃。
秋天有蟹粉面，考究销魂。
冬天有羊肉面，鲜香暖心。

写到这里，蓦然发觉已是初夏。周末的时候真想去苏州“朱鸿兴”吃一碗散着隐约酒酿香气的枫镇大面了。

上海这座城市，越来越好吃了。

新派的年轻人，不需要守着什么美食的家底，每天都有新奇的口味与饮食理念来供养。本帮浓油赤酱的大肠面和猪肝面自有拥趸；复兴苏杭老味道的“一面春风”隐在吴兴路上，素雅洁净，安静地看食客往来；凭着一碗半筋半肉牛肉面开出许多分店的“吉亨面馆”，为台湾面在上海的普及付出了诸多努力。还有重庆小面、郑州烩面、日本拉面、东南亚面……在上海，几乎能够吃到全世界的面条了。好吃的东西那么多，谁还在乎这些老规矩呢？那种挂念着一碗苏式热汤面的日子，也就一去不复返了。

如果到访上海，这几家面馆依旧值得一去：万寿斋、沧浪亭、东泰祥、一面春风。

● 宽汤重浇的腰花面，
有着本帮菜的浓油赤酱。

Lanzhou Hand-Pulled Noodles

牛肉面，兰州人的一碗酣畅

赵圣、Kit | text　F | illustration　Kit | photo
东方宫兰州牛肉拉面北京来广营店 | 特别协力

◎ 一座城市饮食习惯的养成，往往需要几代人味蕾的记忆传承。◎ 食物的诞生与发展，和当地的土壤、气候等自然条件密不可分。地理上的兰州，位于黄土高原和青藏高原的交界处，也是游牧文明与农业文明的汇集区。自古以来，穿城而过的黄河，造就了兰州发达的水路交通。藏区的牛羊肉、汉族的粮食得以相互运输。而世界上每一个重要的交通枢纽，总会留下经商者的饮食痕迹。兰州也不例外，藏族人留下的牦牛肉、西方传来的香料，还有兰州本地盛产的优质小麦，促使了一碗兰州牛肉面的形成。兰州牛肉面特有的风味，正是得天独厚的地理条件赋予的。

而使得兰州牛肉面更加与众不同的，还必须得提及一个人。相传 100 多年前，一位名叫马保子的回族小伙子，经营着一家热锅子面铺。当时各家面铺最常见的做法是提前制作好面条，待食用时再进行烫煮加工。马保子为了争取到更多食客，尝试将提前加工面条改为现场拉制，并在和面时创造性地加入了蓬灰水，使面条变得富有弹性。他在热汤配方上也做出了改良，并搭配牛肉、蒜苗、萝卜片、辣椒油等食材，制作出如今兰州牛肉面的原始模样。

兰州牛肉面延续到今天，毫不夸张地说，它已经成为兰州人生命中必不可少的食物。通常，牛肉面是以早餐的形式出现在兰州人的餐桌上。凌晨 5 点，师傅们就会启程赶往面店，着手牛肉面的准备。全部依靠手工的牛肉面，最需要的就是吃苦耐劳的精神。从和面、抓面、捣面、搋面、蹬面、揉面，再到最后的抻面，一碗面好不好吃，就看一位师傅的意志和技术。每一位顾客下单，师傅都要不厌其烦地重复揉面和抻面的步骤。精湛的手艺需要漫长时间的练习，水和面粉的比例、力度的强弱、速度的快慢、搓揉的次数，要做到每个步骤都成竹在胸，起码要历经数十年的操练。

面条的制作，可分为 5 个步骤，首先是挑选新鲜的高筋面粉。当地人偏爱使用皋兰县种植的一种稀有小麦品种“和尚头”，用这种小麦磨出的面粉，颜色微黄，面筋与蛋白质的含量比其他品种高。

和面步骤中使用的水，也根据季节有所变化。冬天用温水，其他季节则用凉水，还要讲究“三遍水，三遍灰，

九九八十一遍揉”。这里的“灰”就是作为食用碱的“蓬灰”。之后是饧面，通过静置发酵的化学反应生成面筋。为了使面条更加爽口和均匀，师傅需要不断地将面团拉伸、摔打、折叠，如此反复。最后在面团表面涂上防黏的清油，有顾客下单时，取出其中一块，抻开煮熟即可。

对普通食客而言，最新奇的就是看拉面师傅处理面条。师傅们大多为男性，但与平时所见拿惯铁锅、铁勺的粗壮厨师不同。牛肉面店后厨的师傅，有着对揉面力度轻重的掌握，这是一种无法量化的细腻；有着拍打面团的力量，这是男性应有的粗犷；还有抻面时的气定神闲与豁达，这彰显着一位师傅的功力。

面下锅后，负责煮面的师傅拿着锅勺，在水面用柔力拨开打结的面，等到合适的时机一把捞起，身体微倾，用力地甩干面水，果断地放入碗中。接着熟练地在几秒钟内倒入肉汤，甩入香菜、葱末、蒜苗和两小勺辣油。身体与双手的协作过程中，每一个动作的力度和位置都恰如其分。宛如繁忙的后厨里，每个师傅都有自己的走位和“舞姿”。但仔细一想，比起舞者展示身体的曼妙，师傅们的自然动作，只是为了做一碗好面。为什么说专注的人最有魅力呢？吃到一碗好面，再看到后厨里的师傅，没有办法不发出这样的赞叹。

至于怎样才算是一碗好面？每个人都有自己的标准，有自己钟爱的面店。但有一个标准是兰州人公认的：一碗面若具备一清（汤清）二白（萝卜白）三红（辣油红）四绿（蒜苗绿）五黄（面条黄），这碗面就不会差到哪里去。

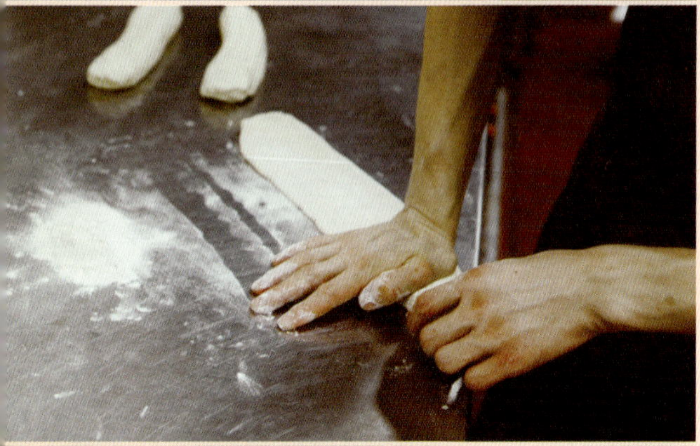

❶ 制作细面时，将面团揉成长条圆柱体状。
❷ 制作属于宽面的大宽时，需将面团压平。
❸ 制作薄宽时，面团同样需要压平。
❹ 制作荞麦棱时，先将面团调整成三棱柱。

面条的粗细宽窄，也取决于每个人的偏好，牛肉面依尺寸可以粗略分为圆面、扁面和棱面 3 种面形。常见的圆面从粗到细有二柱子、细面、二细、三细、毛细等分类，毛细的直径小于 1 毫米，口感最为软绵。宽面从宽到窄有大宽、宽面、薄宽、韭叶等分类，大宽可达 5 厘米宽，一根到底，筋道过瘾。棱面指的是横截面呈多边形的面条，荞麦棱子就是常见的棱面。

经过 100 多年的传承，兰州牛肉面已从一碗本地人的食物走向全中国，成为兰州的一张闪亮的名片。也许未必都是兰州人开的，但遍地的兰州牛肉面馆确实是身处异乡的兰州人的一个共解乡愁之地，体现着兰州人对一份食物的专注，展示着兰州人特有的饮食文化传承。

兰州牛肉面在中国各地被称作“兰州拉面”，虽然兰州人对此不以为然，但在另一个层面上，体现了全国人民对这碗面的印象。“拉”的过程是最深刻且被认为是最重要的，在餐厅的厨房逐渐走向机械化、自动化、中央化的现在，坚持纯手工拉制的兰州牛肉面，每一碗都体现着拉面人的心意。

拉面是一门艺术，讲究熟练的技艺与充分的耐心。

先将面粉堆在案台上，中间稍稍拨开一个口，加入少许盐

毛细

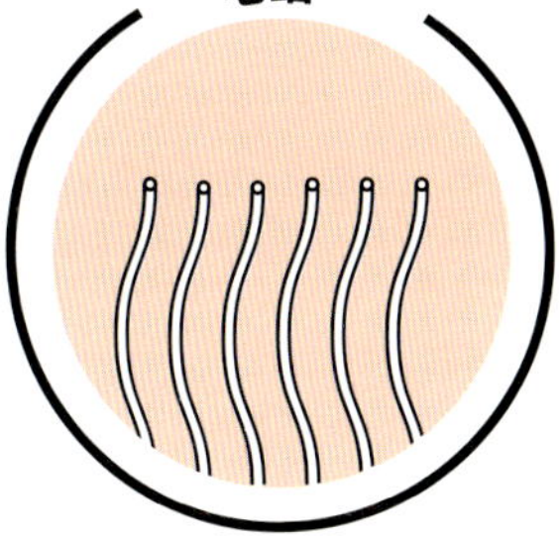

二细

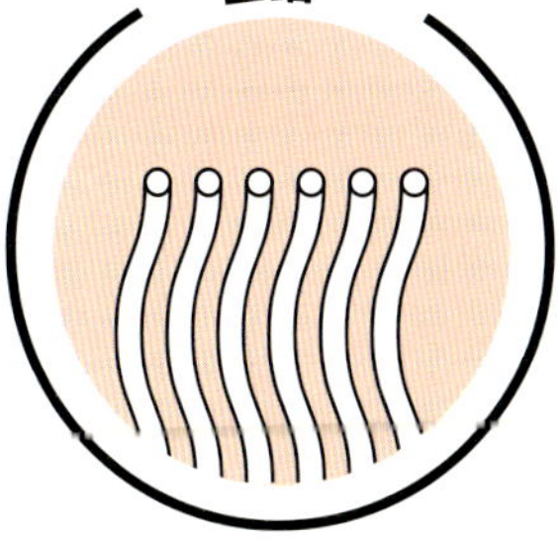

大宽

薄宽

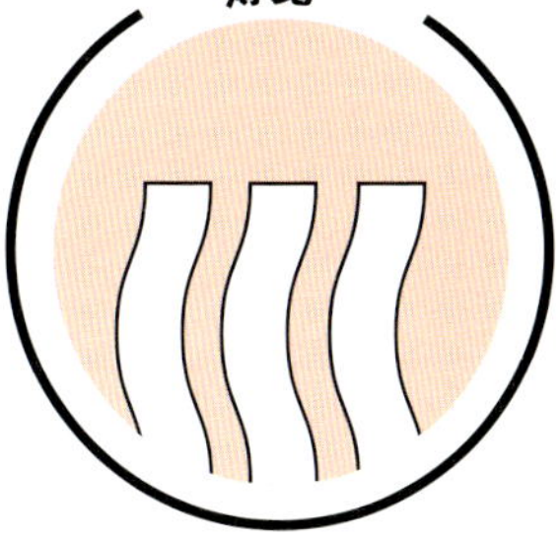

荞麦棱

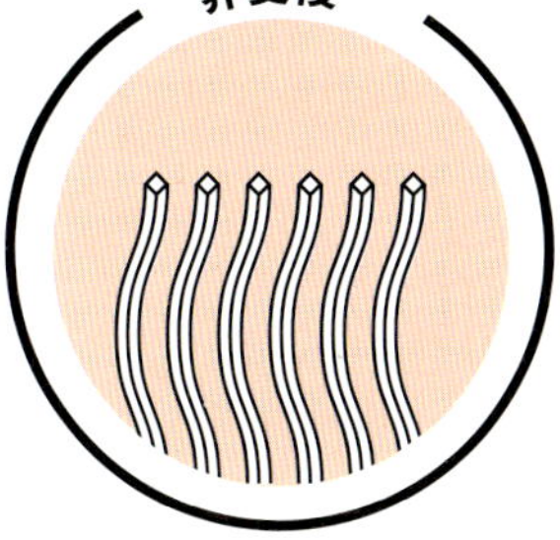

水。也可以预先在面粉里加盐，再加入清水和面。加入水后，轻轻把周边的面粉往中间拨，五指分开，把面粉和水混合，同时搅散。再逐渐添水，再混合、搅散，直到所有面粉都与水混合，并且水与面粉的混合物都呈絮状。

用双手将絮状的面团轻轻抓握在掌心，反复往前推搓，类似手洗衣服时，在搓衣板上的动作，但力度要匀称且不能过重，这个动作称为蹬面，使面团更富韧劲。步骤需不断反复，直至面团成形，变成一整个结实的面团。

面团成形之后，扫入蓬灰水。蓬灰水是蓬灰草烧制成块后，与水同熬数小时，静置沉淀后产生的水。面条延展性强且弹牙劲道，蓬灰水功不可没。

之后进行捣面，双手握拳，不断对面团使劲施压的同时，往四周推进。再将面团折叠，继续捣面。此步骤可以再加入蹬面的动作，捣一次、蹬一次、再捣一次，中间适当扫入清油，使面团更光滑。

随后进入揉面的过程，将面团从左至右，用双手尾指的侧背，对面团刚柔并重地施力，施力时手掌稍稍转动，形似太极拳推手时的动作，并将面团推成类似麻花的形状。再回捣面，捣完将面团折叠，再揉，如此反复 2 ~ 3 次，整个过程称之为摝面，中间再适当扫入蓬灰水。之后便可静置饧面，使面团稍作发酵，一般需要 20 ~ 30 分钟。

将饧后的面团大幅度拉长，再往案台上大力地摔打并折叠，使静止后的面团重新恢复弹性。之后便可分段面团，一段面团就是制作一碗面的分量。

根据食客的不同需求，可以抻出不同形状粗细的面条。比如细面的拉制，先把面团揉成长条的圆柱形，双手果断地将面团拉长至约 1 米长，再折叠，右手手指伸入折叠的部分，再迅速拉至约 1 米长，根据面体粗细的需求，调整折叠的次数。折叠拉抻时，让面条稍稍沾碰案台上的面粉，使面条均匀不互黏。

如要制作宽面，就需要把这一段面团压扁，压成宽度相等的长方体，再进行拉抻。棱面的特殊同样也体现在前期的面团制作上，用两手的尾指侧背，从揉好的长条面团的左上方和右上方，往下挤压，形成一个三边往里弯曲的三棱柱，这样拉抻后便会形成棱形的面条。

Art of Making Noodles

功夫面条：手工面的一招一式

肖杨 | text　王姝一 | photo　乔家大院山西菜馆 | 特别协力

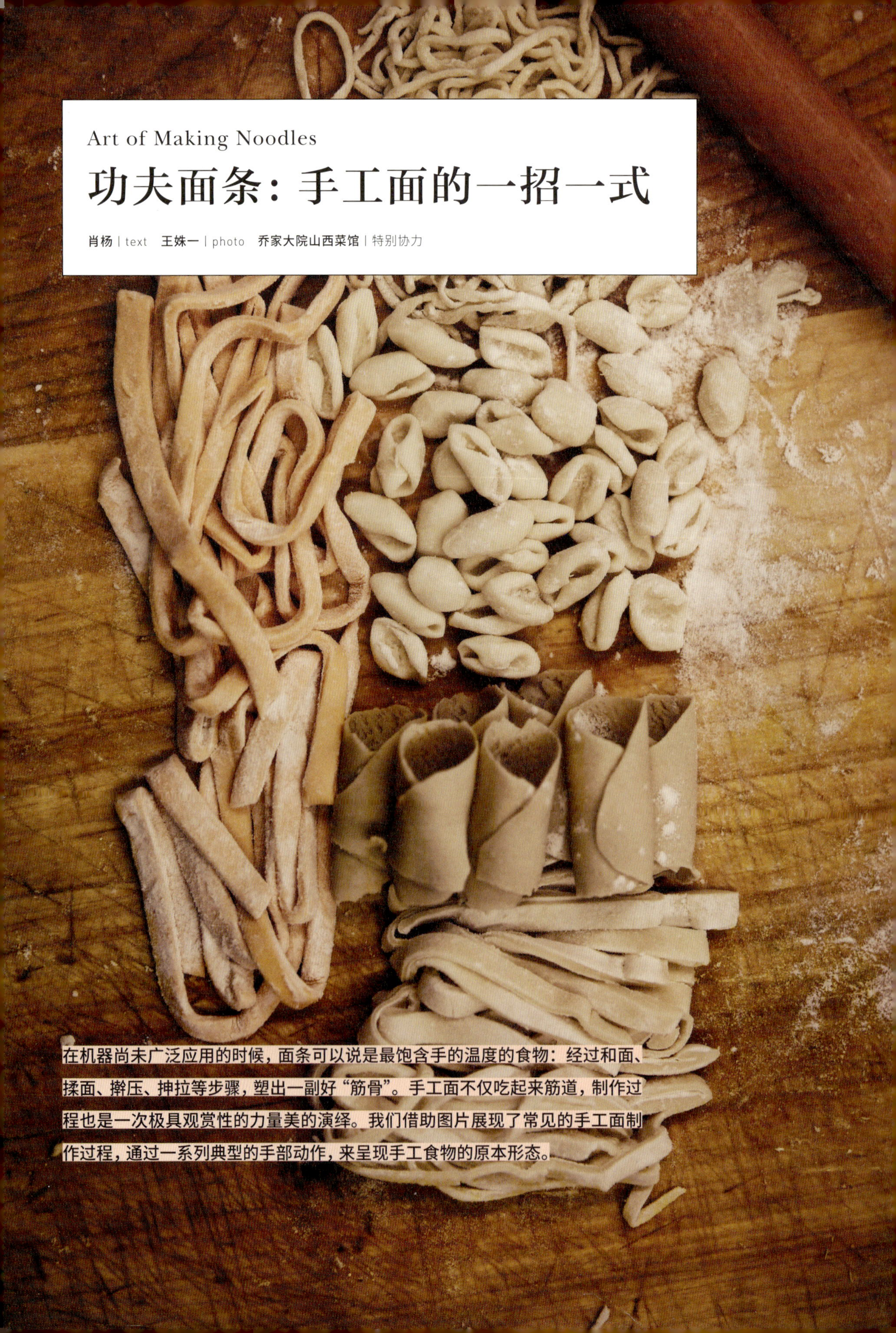

在机器尚未广泛应用的时候，面条可以说是最饱含手的温度的食物：经过和面、揉面、擀压、抻拉等步骤，塑出一副好“筋骨”。手工面不仅吃起来筋道，制作过程也是一次极具观赏性的力量美的演绎。我们借助图片展现了常见的手工面制作过程，通过一系列典型的手部动作，来呈现手工食物的原本形态。

揉 面

揉面的目的是使面团起筋。在各个方向上用力挤压，形成网状的面筋，从而产生弹性。面团的延展性越好，做出的面条也越筋道。

擀 皮

用擀面杖擀皮时，不要一味求快，否则面皮很容易起皱。用适合的速度将面皮擀成理想的厚度后，将面皮呈“W”形折叠，并铺上薄粉防止粘连。

切 面

采用直切法缓慢均匀地下刀，快上快下，宽细随意。如果面皮擀得较薄，切成宽面会使口感更好。

拍 粉

将切好的面条略拍薄粉，防止粘连。

拉 面

手握面团两端，两臂均匀加速向身体两侧抻拉，然后将抻开的面团两端对折，两头同时放在一只手的指缝内（一般使用左手），另一只手的中指朝下勾住另一端，手心上翻，使面条形成绞索状，同时双手再次向两侧抻拉。抻拉面团时速度要快，用力要均匀。如此反复，每次对折称为一扣。

莜 面 栲 栳 栳

揪一个小莜面面团，置于光滑平面上，用手掌搓成一个小面片。然后揭起面片，顺势在手指上一绕，形成一个面卷，把面卷立在笼屉上即可。

猫耳朵

将面团切成 1 厘米见方的面团，取一面团放在掌心，用另一只手的大拇指指肚压住面团，向前推捻，一片猫耳朵就成形了。

削面

削面时，一手托面，一手持刀或铁皮，直接将面削到开水锅中。削面的要诀是："刀不离面，面不离刀，胳膊直硬手平。手端一条线，一棱赶一棱。平刀是扁条，弯刀是三棱。"

剔尖

用竹签沿盘边剔面，拨入沸水中。剔尖面两端尖而细，中间粗而圆，口感软滑，易消化。

Ancient Literati Who Love Noodles

文人墨客爱吃面

Alice | edit

面条作为中国重要的主食之一，古往今来一直深受人们的喜爱。在北魏时期，著名农学家贾思勰在著作《齐民要术》中记载了当时流行的两种面食——水引和馎饦。水引指的是将面团拉长或者搓成筷子粗细的长条，一尺一断，放在水中过一遍，再将其压扁为韭菜叶状，然后下沸水中煮熟即可。馎饦指的是将面片扯成拇指大小，二寸一段，在水中过一遍后，压成极薄形状，用猛火煮熟即可，这就是我们现在日常生活中的“面片儿汤”。从这两种面食中不难看到如今面条的雏形。

除了历史典籍中的冷静着墨，不少爱吃面的文人也留下了关于面条的笔墨，让我们得以从中窥见古人们喜爱的吃面方式。

杜甫 | 唐代

槐叶冷淘

杜甫是家喻户晓的大诗人，他曾在《槐叶冷淘》一诗中写道：“青青高槐叶，采掇付中厨。新面来近市，汁滓宛相俱。入鼎资过熟，加餐愁欲无。碧鲜俱照箸，香饭兼苞芦。经齿冷于雪，劝人投此珠……”

诗题中提到的冷淘，其实就是凉面。槐叶冷淘始于中国唐代，是将面和槐叶水等进行调和，切成饼、条、丝等形状，煮熟后过冷水食用的一种面食，吃起来凉爽且有风味。

最初，槐叶冷淘属于宫廷食品，后来随着时间的推移逐渐传入民间，并改用槐叶与面粉制成了翡翠面，成为老百姓的盛夏消暑美味。杜甫在诗中对此面赞赏有加，也间接反映了当时的人对槐叶冷淘的喜爱。

忽思慧 | 元代

挂面

元代的忽思慧是中国第一位蒙古族饮食文化专家和营养学专家，长期担任宫廷饮膳太医。我国古籍中第一次关于挂面的文字记载，就是出自他撰写的专讲饮食营养的《饮膳正要》一书。

书中写道：“挂面，补中益气。羊肉一脚子，挂面六斤，蘑菇半斤，鸡子五个煎作饼，糟姜一两，瓜荠一两。上件用清汁，下胡椒一两、盐、醋调和。”介绍了一种以羊肉、蘑菇、鸡蛋为食材烹制挂面的方法。

李渔 | 明末清初

五香面 八珍面

明末清初的文学家、戏剧家李渔被认为是休闲文化的倡导者，他撰写的《闲情偶寄》被称为中国人的生活艺术指南，其中的“饮馔部”充分体现了他对饮食的追求。李渔不仅懂美食，还喜欢自创美食。虽然生活在南方，却酷爱面食。他独创了两种手工面，一种是供自己吃的“五香面”，一种是招待客人的“八珍面”。李渔认为人们在吃面时喜欢把酱醋等调味料放到面汤里，使面汤有味而面无味，有违吃面的本意。

五香面中的“五香”是指酱、醋、椒末、芝麻碎及焯笋或虾时的鲜汁，制作时先把椒末和芝麻碎拌在面中，然后混合酱、醋、鲜汁做拌面水以替代和面水。和面要匀，擀面要薄，切面要细。开水下面，使得全部精华尽收在面中。

而八珍面中的“八珍”是指晒干的鸡肉、鱼肉、虾肉，同鲜笋、香菇、芝麻、花椒一同研磨成粉，然后和进面中，加上鲜汁共8种。当然酱醋也会用到，但是李渔认为这些是日常调味料，不属于珍奇之物，所以没有列在八珍之中。八珍面自然也有些讲究，李渔认为面遇油会散，导致擀不成片，切不成丝，所以选择鸡肉和鱼肉时一定要用精瘦的肉，稍微带点肥腻都不可以。鲜汁不用煮肉的汤，而是用焯过笋、香菇、虾肉的汤，也是为了忌油。李渔还认为虾很容易擀成末，是最方便的，所以建议常备一些虾末，以备不时之需。他自创的这两种面，都堪称面条中的上品。

袁枚 | 清代

鳗面 温面 鳝面 裙带面 素面

清代著名文学家袁枚也同样是一位美食家，他撰写的《随园食单》是中国古代一部非常重要的饮食名著。袁枚将面食列入点心菜行列，并介绍了他喜爱的鳗面、温面、鳝面、裙带面、素面这五种面的做法和技巧。

以裙带面为例，书中记载裙带面讲究以小刀切面，切成微宽的条，并以汤多为佳，最好在碗中看不见面，“以便引人入胜”。

伊秉绶 | 清代

伊府面

伊秉绶，福建汀州府宁化县人，清代乾嘉年间著名书法家，历任刑部主事、惠州知府、扬州知府等职，在任期间，以“廉吏善政”著称。

伊秉绶喜食面条，还喜欢结交好友，常在家中聚集文人墨客吟诗作对。家里的厨师常常忙不过来，伊秉绶便让他们用面粉加鸡蛋掺水和匀后，切成条状，晒干后，卷曲成团，放入油锅中炸成金黄色后捞出，储存备用。等到客人来了要吃面的时候，直接现场加工，用开水冲烫后，加以佐料即可食用。来访伊府的客人尝过此面后都赞不绝口，从此伊府面便流传开来，成为现代方便面的雏形。

中国面的烹饪法

How to Cook Chinese Noodles

Anchor | text

中国面食作为中国饮食文化的缩影，可以用博大精深来形容。中式面条不仅在造型上形态多变，口感各不相同，配菜多种多样，在烹饪法上也有多种技巧和讲究。不同的烹饪方法适用于不同的面条种类，也影响着食用时的口感和最佳温度。

壹 热汤面

一碗简单的热汤面就是最佳慰藉食物。说它简单，是因为烧一锅开水，下面煮上几分钟就可以捞出来食用。然而做好热汤面也有很多讲究：汤底要好，面才会鲜；面要筋道，才有嚼劲。

烹饪方法 锅中加一撮盐后烧开水或高汤，待水或高汤沸腾后加入面条，煮熟捞出，保留汤和面。

常见面 挂面、刀削面、片儿川

贰 干食热面

我们去饭店点餐时，经常会选择汤面或干面。干面一般是熟面条拌着酱汁吃，辣油一浇，酣畅淋漓。

烹饪方法 将面煮熟后沥干，上面浇上酱汁或热油。

常见面 热干面、油泼面

叁 熟食凉面

凉面是适合夏天吃的面，有着和热食面不一样的清爽感，也可以随心所欲搭配凉菜。

烹饪方法 先煮熟面条，然后过冷水沥干，再拌入肉丝、蔬菜丝、芝麻酱、麻油等配菜。

常见面 鸡丝凉面

肆 焖面

焖面具有独特的醇香气息，面与菜交融一体，二者的风味相互彰显。

烹饪方法 锅中热油炒香调料，加入豆角等蔬菜，炒至半熟时加水没过蔬菜。将生面放在菜上，以菜垫底，不要让面沉到锅底，避免粘锅。

常见面 豆角焖面

伍 蒸面

在我国一些地区，蒸面的概念和焖面类似，也是以菜垫底，在菜上直接烹饪，菜、面一锅端出。但有时，蒸面也指使用『蒸』的加热方式做熟的面，比如著名的陕西小吃中的蒸面。

烹饪方法 制面糊，摊在蒸面箩上，蒸熟后取出拌入辣椒油即可。蒸面外表类似凉皮。

常见面 安康蒸面

陆 炒面

炒面可以分两次准备，先将面煮至八分熟，食用之前再翻炒即可，因此准备起来也十分方便，更是街头小吃中的经典食物。

烹饪方法 将面煮至八分熟，在面芯断开还是白色时，捞出沥水。同时起锅热油，炒香蒜油，放入肉丝、青菜等配菜翻炒，然后加入面条炒熟。

常见面 酱油炒面、肉丝炒面

柒 烩面

烩面是河南地区的传统美食，其精华在于汤。烩面汤无须调味，取嫩羊骨肉大火滚热，再文火慢炖，全程需要数个小时。熬制成的羊汤色泽奶白，鲜美无比。烩面的面条属于宽面，下面时直接将面剂子拉抻入汤，搭配熬制的高汤，再配上羊肉、青菜，正是中原食文化中『侠义不羁』的代表。

烹饪方法 用羊骨熬制高汤，用时约3~5小时，直到熬成的汤汁呈乳白色。然后将高汤重新煮开下面，准备好酱汁和小料。

常见面 羊肉烩面、三鲜烩面

捌 煎烤面食

煎烤的面食一般具有固定的面饼造型，食用时无须挑起面条，但可以感受到面菜同食的大快朵颐感。

烹饪方法 平底锅或铁板加热放油，放入待煎烤的面饼或面条，上色后翻面，加入佐料。

常见面 蛋煎面、烤冷面

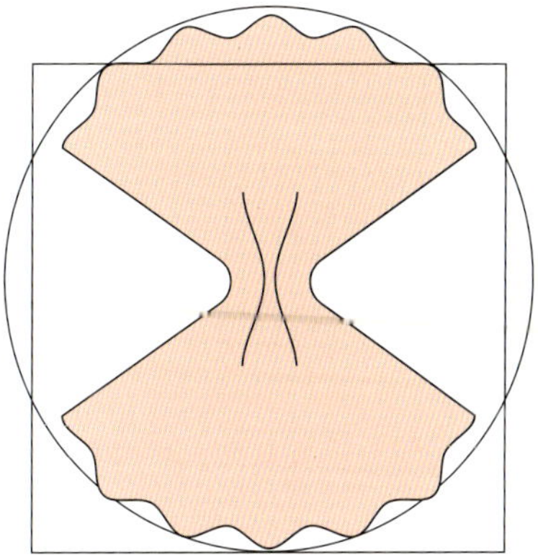

Chapter 02

世界的面

Noodles around the World

Ramen, A Perfect Combination

日式拉面，百变的街头美味

Alice | text **F** | illustration **Redd Angelo** | photo

在日本，很多上班族下班后都会去拉面店里吃上一碗热腾腾的拉面。

◎ 据说拉面是在 1892 年的时候从中国传入日本的。直到 1910 年，日本才出现了第一家拉面店。短短百余年，便宜多样的日式拉面，已经成为日本人钟爱的平民美食之一。
◎ 不需要前菜，也不需要点心，只需要一碗鲜香澄澈的汤底，一份软硬恰好的面条，再配上几样经典的配菜。这一刻，将全身心沉浸在这一碗拉面中，弃掉所有的束缚，只是心无旁骛地吃面。直到喝干最后一滴汤，方才结束这场酣畅淋漓的战斗。

拉面三要素

汤底、面条、配菜是一碗拉面的三要素，它们结合在一起就会产生无穷的变化，可以创造出品种丰富的美味拉面。寻找自己理想中的拉面是一件非常有乐趣的事情。

汤 底

相比中式面条对面本身的专注，日式拉面更重视汤底。甚至说拉面的美味与否直接取决于汤底也不为过。

拉面汤底一般按照调味汁和高汤分类，高汤是汤底的基础，用以给汤底提鲜，包括用猪骨、鸡架等动物性食材熬制的高汤，木鱼花、小鱼干等鱼类和海带熬制的高汤，以及香菇、洋葱等蔬菜熬制的高汤。将这些味道各异的高汤组合在一起，就会产生各种各样的变化。

为汤底点睛，决定拉面味道第一印象的东西，就是调味汁。普通的调味汁一般有酱油、味噌、盐三种，与高汤组合，拉面口味的可能性就会无限扩展。

除了上述汤底，有些店铺还开发了番茄汤、咖喱汤、柠檬汤等创意汤底供顾客选择。

面 条

一般来说，面条品种分为卷面、直面、宽面和细面，日式拉面的面条是由小麦粉、盐、水和一种名为碱水的原料制成的。原材料的种类、混合比例以及熟度的不同，都会使面的口感和味道千差万别。

把浸在汤底中的面条捞上来，用筷子轻捲一下，如果面条表面浮现一滴滴汁水，就说明浓郁的汤底已经被面条吸收。咬断一根面条的同时，汤汁便会渗透到你的味蕾上，这就是拉面的独特味道。

但是当你把拉面切开，就会看到汤汁渗进了面条表层，所以形成了晶莹的外表，但内里仍是白色，这表明拉面并没有被汤汁泡涨，口感仍旧保持筋道。

拉面面条多汁而有嚼劲儿，这决定了拉面的与众不同。

配 菜

根据拉面种类与店铺选择的不同，每碗拉面的配菜也有着些许差别。最受欢迎的要数日式叉烧、溏心蛋、鱼板等配菜，葱花、海苔、笋干、木耳丝、玉米粒、红姜、豆芽等也是常见配菜。

日式叉烧　起源于日本昭和时期陆军《军队烹饪法》中的“煮火腿”，即将猪肉煮烂后，用酱油浸泡食用。这种制作简单、味道亲切的做法，可以品尝出肉的原始美味。战后，退伍军人纷纷开办“中华面店”，并将《军队烹饪法》里的“煮火腿”发扬光大，成为一直延续至今的日式叉烧原型。

溏心蛋 称得上是日式拉面中的“最佳配角”。溏心蛋是指蛋黄没有熟透、呈流质的煮鸡蛋。流动的蛋黄具有吹弹可破的动态美感，口味上略带鲜甜，一口咬下去，蛋黄缓缓流出，再配上入味的卤汁，堪称拉面中的点睛之笔。

鱼板 又名“鸣门卷”，起源于日本江户时代。是用鱼做成薄片，中间染上粉红色后将其卷起，用花刀在四周削成齿轮状，再切片制成。鱼板是日本常见的装饰型食物，因花纹呈旋涡状，很像日本著名景观鸣门漩涡，因而得名“鸣门卷”。

常见拉面种类

日式拉面种类繁多，常见的拉面种类包括酱油拉面、味噌拉面、盐味拉面、豚骨拉面、博多拉面、蘸汁面等。

酱油拉面 | *shoyu ramen* 酱油拉面是一种以酱油作为主调味料的拉面。酱油分为浓口酱油、淡口酱油、白酱油等不同种类，各自呈现出来的汤色也不尽相同。酱油拉面浓郁的鲜味里透出色浓味醇的酱油味道，堪称绝品。

味噌拉面 | *miso ramen* 从鸡骨、猪骨到当地的特色海产，在北海道都是用来熬制汤底的常见食材。味噌的加入赋予了这种拉面与众不同的浓厚口味，搭配口感紧实的卷面，以及厚厚油脂下的热汤，正是最适合冬日的暖身拉面。

豚骨拉面 | *tonkotsu ramen* 豚骨即猪骨，豚骨拉面采用奶油般浓郁的猪骨汤汤底，有着独特的白浊色，搭配与汤底完美结合的爽滑细面，吃上一碗，令人顿生满足感。

盐味拉面 | *shio ramen* 外形简单的盐味拉面，汤底要呈半透明状。澄澈的汤底看似寡淡无味，其实是由鸡肉、蔬菜、鱼和海草精心熬制而成。搭配朴素的直面，总能给人意外的惊喜。

吃法

吃日式拉面的方法也是有讲究的，只有方法正确才能感受到拉面的全部魅力。在日本，你不需要顾忌吃面会发出声响，因为日本人认为，吸面条才是品尝拉面的最好方式。

❶搅拌面条。轻柔地让面和汤充分交融在一起。

❷喝口汤。把汤匙浸到汤里，满满舀上一勺，然后慢慢地把汤匙举起来放到嘴边，喝一口。

❸吸面条。将面条夹起，嘴巴张成 O 型，将面条和空气一起吸进口中，这样拉面的味道会变得更加丰富。

❹吃配菜。无论何时，都可以随心所欲地吃拉面配菜。

Life with Ramen

坂本幸彦
这碗拉面，我会用一生做下去

白雪薇、熊韵 | interview　白雪薇 | text & photo

◎ 日本的人气拉面店通常会分为两种类型：一种是诸如一兰拉面、光面等在旅行者的口口相传中名声大噪的店；另一种是隐藏在居民区中，带起这片地区的人气店。◎ JR 中央本线从西至东，串联起了吉祥寺、新宿、代代木等东京著名的地点，也将人气带入了新小岩。新小岩是离东京繁华市区较近的住宅区，比起大站附近的连锁拉面店，在住宅区中探店，会有更高概率发现本地人认可的好店。从车站步行约两分钟，就能看到一家店门口的长龙排到马路对面，这就是拉面职人坂本幸彦主理的“面屋一灯”。

面屋一灯 ◎ 东京都葛饰区东新小岩 1-4-17

◍ 店内的食券机上，处在第一排推荐位置的就是“特制浓厚鱼介蘸面”。

PROFILE

坂本幸彦 | 日本东京
日本拉面职人，拉面店“面屋一灯”（麺屋一燈）主理人，多次获得各种拉面奖项。

面屋一灯最负盛名的拉面当属“特制浓厚鱼介蘸面”（特製濃厚魚介つけめん），也为坂本幸彦带来了很多奖项，比如 2012 年度的日本蘸面达人赏、东京拉面新人王等，面屋一灯也连续三年登上 Tabelog 东京拉面推荐榜前两位。能够在开店的一两年内迅速获得这些奖项的原因，在见到主厨本人后得到了解答。我们有幸进入后厨，观看一碗蘸面制作的全过程。

一般的拉面店会选择从工厂定制面条。由于拉面是非常亲民的食物，价格低廉，在汤底上下了很大力气的坂本，为了控制成本，决定使用自家制的面条。他选取了六种不同的小麦粉，在研究过它们各自的特性之后，混合制成了具有一灯特色的面条。我们在店里品尝过的蘸面面条，口感十分筋道有力，但咀嚼起来并不困难。

因为坂本早年曾在法国料理店工作，这碗蘸面中能看出许多法式料理的影子。制作汤底所用的筑波茜鸡，是从法国引进的品种，据坂本所说，这种鸡的脂肪非常香美，

区别于一般的拉面店从工厂定制，“面屋一灯”里的面条都是自制的。

特制浓厚鱼介蘸面是面屋一灯的招牌面，几乎每位食客都是人手一碗。

在熬制汤底时，鸡肉中的脂肪能够融合进许多食材的味道。浇头中比较特别的是经过“真空低温烹饪”的叉烧肉。这种烹饪方法同样源于法式料理，最早为法国三星厨师Pierre Troisgros（皮埃尔·特鲁瓦格罗）所创。在65℃的低温状态下，把肉煮熟的同时，又保留了滑嫩的口感。

在如何将拉面变得“高级”这件事上，坂本有着自己的考虑。除了店面的环境装修和法式料理法之外，我们还注意到一个细节：在一般的拉面店里，调料盘中会放置一些炸蒜或油蒜，但是在一灯的调料盘中却从来不见大蒜的踪影。坂本说，如果客人有需要的话店里会提供，但是为了照顾到女性，让她们吃饭时衣物不沾染上大蒜的味道，一般不会将大蒜摆在台面上。另外，面条整体味道也被他改良，将本身调味较重的拉面，改良成口味偏清淡的版本，以提升口感和品质。“我希望一灯旗下的每一家店都能有不同的特点，面屋一灯需要的是一定的高级感。”

坂本此前20多年的工作经验，让面屋一灯在开店初期就获得了很高的人气。当我问他在42岁时开店这件事，能否称得上是人生的一个重要改变时，他说：“拉面是我想要一直做下去的事，与年龄无关。”

蘸面是把面条与蘸汁分开，用冷面蘸热汤的吃面方式。传统的汤面，在端上来的一刻食用，口感最佳。然而随着面条放在热汤里的时间变长，面条口感会变得越来越软。为了保持面条弹性，诞生了用冷面蘸热汤的吃法，蘸汁会比传统拉面的汤底浓厚很多。

❶	❷
❸	❺
❹	

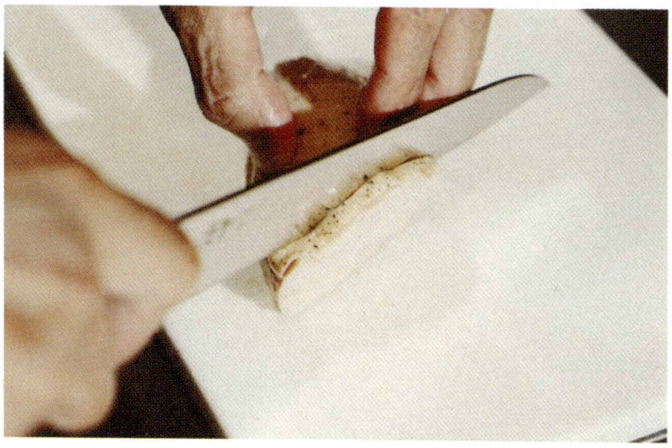

❶ 待水沸腾之后，放入面条，煮5分钟。
❷ 将面条捞出，放入冷水中洗去表面面粉后，沥去水分备用。
❸ 将经过真空低温烹饪处理的鸡肉叉烧切片。
❹ 面条的摆盘。
❺ 制作蘸汁。

Interview ………食帖 × 坂本幸彦

在面屋一灯的后厨，坂本幸彦
正在为食客制作蘸面。

食帖∞ 在日本有关于料理的种类和菜品都很多，你是如何决定要做拉面的？

坂本∞ 我 20 岁的时候，曾在法式料理餐厅工作过很长一段时间，常常会感觉到法式料理和食客之间有一定的距离感。而日本的拉面，既可登大雅之堂，又具有很浓厚的市井气息，我想让自己做的料理能够被更多的人接受，所以选择了拉面。

食帖∞ 在 42 岁主理“面屋一灯”之前，你有 10 年上班族生活和 10 年拉面店的工作经验，这些经历对你是否有帮助？

坂本∞ 想要生意好就不能只是卖自己喜欢的拉面，还要照顾客人的想法和需求，不断改进自己的料理。在做拉面之前，我在商社工作的过程中学会了如何经营公司的思考方式。店铺的名气和味道虽然也很重要，但最关键的还是经营者本身。这些经验对我而言十分宝贵。

食帖∞ 你曾说“他人对料理的认可，便是内心喜悦”，你的客人们是如何评价拉面的？

坂本∞ 在拉面店研修的时候，我做过几家店的店长，每去一家店就会积攒一些常客，他们喜欢我做的面，觉得吃这样一碗面“深受感动”。这样当我自己开一家新店的时候，这些常客就会过来，带着朋友或家人。还有人吃完拉面以后，想做我的学徒，希望能在店里工作，做出这样能让人感动的美味。

食帖∞“面屋一灯”现已在台湾开设分店了，你决定去海外开店的契机是什么？

坂本∞ 我的梦想是能够在日本和海外都开有店铺，但是最近日本社会有少子化、经济疲软的倾向，这也影响到了拉面店在日本的扩展。与其为了提升数量去开店，我更希望本土的少数的店铺，保留一灯的原汁原味，让海外市场能够打开新的局面。

食帖∞ 做出一碗终极美味特制浓厚鱼介蘸面的秘诀是什么？

坂本∞ 秘诀在于蘸汁。一般的鱼介类蘸面，蘸汁多少都会带有一些腥味。如何去除这些腥味，在各种汤底原料中取得平衡，不是一件容易做到的事情。即使在食材相同的情况下，也有可能做出完全不同的蘸汁。现在店里的全部厨师，只有两位能够达到我要求的标准。即使开设了其他分店，这种平衡之味，也只是在本店才能尝到的味道。

食帖∞ 如何更好地品尝蘸面？

坂本∞ 蘸面端上来后，先搛起几根面条，品尝面条本身的筋道和麦香。然后再夹出一口可以吃完的面条放入蘸汁中，均匀挂汁后即可享用。需要注意的是，因为蘸汁本身浓厚，与拉面汤底不同，最好不要把面条一股脑倒进蘸汁中。最后蘸汁还会有剩余，可以利用店里的海鲜汤将蘸汁稀释到一般拉面汤底的程度，更好地品尝汤的味道。

食帖∞ 除了日本拉面之外，你是否会尝试其他种类的面条？

坂本∞ 我比较喜欢东南亚的面食。东南亚料理的特点就是会使用较多种类的香辛料，口味也偏辣，这跟日本的拉面完全不一样，这种异域风味是我非常喜欢的。

食帖∞ 关于面条，今后还想做哪些尝试或改进？

坂本∞ 拉面虽然好吃，但是每天吃这样高热量的食物，对身体不是很好。我希望能够从食材的做法出发，让拉面变成健康饮食，比如在制作叉烧的过程中，使用真空低温烹饪。有时候我会去各种店铺取经，留心能否从别的食物中获得改良拉面的灵感，比如食材的选择和摆盘方面。今后也会不断尝试新的料理法。

最后剩余的蘸汁倒入店里的海鲜汤，稀释到一般的拉面汤底的程度，从而更好地品尝汤的味道。

Every Meal Should Be a Feast

三森正幸
吃饭不只是“进食”，更是享受食物的过程

白雪薇、玛哈布拜 | interview 白雪薇 | text & photo

◎ 东京，自由之丘车站。◎ 从车站步行 10 分钟，避开人来人往的繁华商业街区。在一片安静的住宅区里，三森正幸经营着一家开业 4 年就连续 3 年获得东京米其林指南推荐的面店——“中华荞麦三藤”。店名“三藤”，是在父亲的姓氏三森和母亲的旧姓藤田中，各取一字组成的。

中华荞麦三藤 ⊙ 东京都目黑区绿丘 1-14-1

熬制面条所用的汤底，通常需要半天的时间。

PROFILE

三森正幸 | 日本东京
日本荞麦面职人，荞麦面店“中华荞麦三藤”（中華そば三藤）主厨。餐厅连续 3 年获得东京米其林指南推荐。

面条，可以说是非常平民化的食物了，在许多当地人眼中都是只有上班族的男性和学生才会吃的食物。在东京街道上走着的都市女性，很少会光顾这类店铺。三森讲起在拉面店修业的那段经历时，发现与大多数人的印象相符，光顾拉面店的客人，大多是 20 ~ 40 岁的男性，女性和较年长的客人则很少出现。

东京自由之丘徒步圈，在大多数日本人眼中，这里一直是甜品、面包和咖啡的激战区。当我问起三森为何会将面店开在这里时，三森说这家店的前身是一家鳗鱼店，因为主厨年纪大想要退休，便把这家店转给了自己。但也正是因为这片街区随处洒落的优雅感，三森才决定把一直给人以“下町”[1] 印象的面条，做出高级的感觉。

打造具有高级感的餐厅，食物、环境、气氛都是重要的组成元素。据三森所讲，作为制面职人的一天，基本是在打理餐厅和制作面条中度过的。从早上到店开始，熬制这一天所用的汤底，通常需要半天时间，其间还需要做其他的准备工作，比如处理食材、制作叉烧、打扫店铺等。保证每一份面条的口味，用心维持店内的清洁感。

所以当顾客拉开店面的格子木门后，很容易被店内的氛围感染，让心情平静下来，从而更好地审视和品尝料理。“到这里来的目的不应该仅仅是‘进食’，我更希望人们能在这样的环境中享受食物，享受这个过程。”

●店内的装修风格以暗色调木质为主，穿插亮铜丝作为点缀。

[1] 下町，日语中指城市中的平民住宅区，可以理解为“老街”，有市井平民气息的地方。

中华荞麦三藤的招牌——中华酱油荞麦面。

三森正幸正在为食客制作中华酱油荞麦面。

●汤底是一碗拉面的灵魂。

食帖∞ 你有过和食店的修业经历，为何最后选择成为荞麦面职人？

三森∞ 在老家，我的父亲经营着一家日本荞麦面店，所以我从小就比别人更早地接触荞麦面，也更早地了解这个行业。后来虽然在和食店工作了4年多的时间，但在我想要拥有一家自己的店铺时，周围的人都建议我去做荞麦面。在一般日本荞麦面店中，会有冷荞麦、炸天妇罗等菜品，但我想走一条与父亲不一样的路，所以选择了做中华荞麦。

食帖∞ 在你看来，原本属于中华料理的荞麦面，进入日本之后发生了哪些改变？

三森∞ 其实料理是不分国界的，从异国传入的食物最终都会适应当地人的口味。我曾经去美国尝试过那里的寿司，虽然是日本料理，但味道是美式的，和在日本吃到的不完全相同。所以当来自中国的荞麦面进入日本之后，也会被改良成适应本地的口味。

在和食中，比较有代表性的食材是酱油、盐和味噌，有代表性的料

制作拉面
所使用的食材

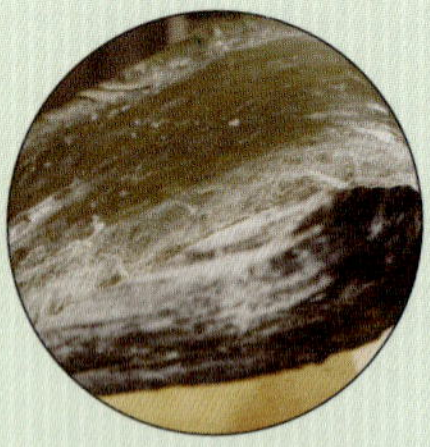

海带 北海道产天然昆布。

鱼介 沙丁鱼干，在出汁中和海带的味道非常相配。

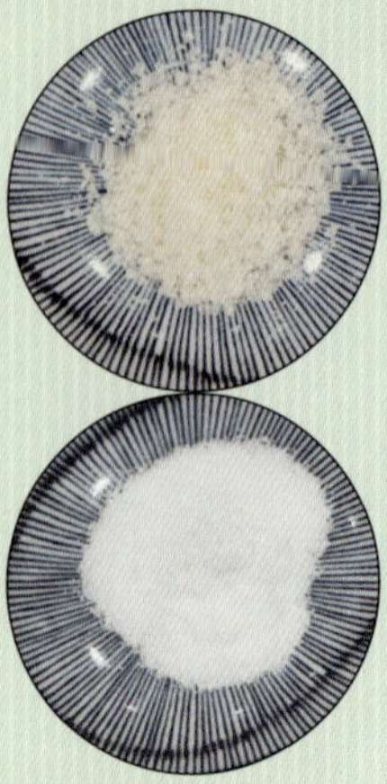

盐 (上) 澳大利亚河盐，盐味较淡，但有一种香甜感。
(下) 长崎县对马海盐，突出海盐特有的苦味和盐辛味。

糖 鹿儿岛县产砂糖，甜味较淡，但香气突出。

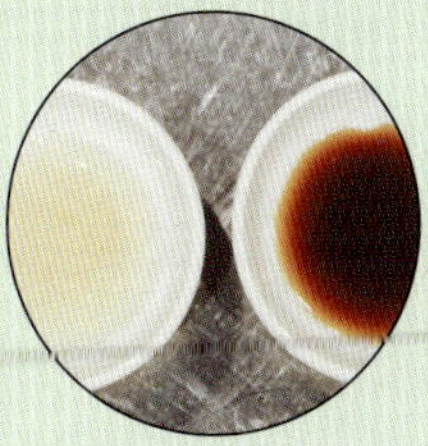

酱油 香川县产杉木桶天然酿造酱油，味浓且醇美。

鸡蛋 宫城县产，类似于国内常说的“笨鸡蛋”，在天然条件下生产出的鸡蛋，没有蛋腥味，质量较高。

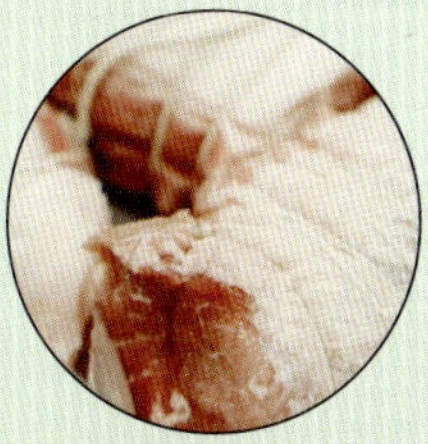

肉 选取岩手县产岩中猪肉和鸟取县产大山鸡肉。一般的拉面店制作叉烧时多用煮法，三藤用蒸锅将肉蒸熟再行调味，避免肉质干柴。

理方式则为出汁。烹饪中有了这些元素的话，无论是哪国的料理都会趋向“和风”，荞麦面也是如此，我所制作的荞麦面，是具有中国根源的日本料理。

食帖∞ 在和食店的工作经验对你产生了哪些影响？

三森∞ 在和食店的工作经历对我来说非常重要，比如店铺的装修、食器的选择，甚至具体到料理方法，都受到了和食的影响。其中我认为最重要的还是拉面中“汤底”这一概念。

出汁被誉为日本料理之魂，我综合了许多食材（鱼类、昆布、豚骨、鸡肉、盐、酱油等）来做出汁、做汤底，每一种食材都有它自己的特色，我努力去平衡协调这些食材之间的味道，使每一种味道都能够突出，但所有味道又能保持一个整体。

食帖∞ 制作面条时，在食材和原料的选用上有什么讲究？

三森∞ 在刚开店的时候，会有很多人上门来推荐他们的食材，我从这些食材中一样一样筛选出适合制作汤底的，达到我所希望的食材间的平衡状态，最终形成三藤的特色口味。

食帖∞ 店铺的环境得到了米其林指南的认可，你在店铺的装修、气氛的营造等方面是如何考量的？

三森∞ 这家店的前身是一家鳗鱼店，所以我接手这家店面的时候，对店铺的外观并没有做出太大的改变，而是保留了原店面的京都风格。店内装修整体以暗色调木质为主，穿插亮铜丝作为点缀。这样的设计，人们进来时就会觉得这家店是高级的、优雅的。时下装修风格很多，我希望自己的店面能够成为永远不会过时的设计。

我经常在店里走动，以客人的视角来审视店面，他们能看得见的地方，都经过了悉心的打扫和整理，保持着高度的清洁感和统一感。

食帖∞ 从一位荞麦面职人的角度出发，如何判断一碗荞麦面好不好吃？

三森∞ 我会比较看重整碗面中各种味道之间的平衡感。味道有五种：酸、甜、苦、辣、咸，真正的美味是超越了这表面上的五种味道，达到一种深层次的平衡。日本人吃饭有一个习惯，一入口的时候如果觉得好吃，会说一句“很好吃！”（おいしい！）但是我更希望顾客吃到这碗面的时候，除了第一口的惊艳，还能尝到更多深层次的味道，好吃到我想用自己的能力把它做出来。

食帖∞ 在日常生活中，你的饮食习惯是怎样的？

三森∞ 因为平时在店里的时间比较多，所以大多数时间我还是会在店里吃饭。我会经常给自己做菜单上的菜品，希望自己能站在食客的角度上，来品尝自己做的面条，保证口味的水准。

有时候我也会去外面吃饭，对自己来讲是精神上的张弛，不仅仅是和食或者面条，也会去吃一些西餐。作为料理人，吃别人做的菜品是一种新的刺激，品尝到真正的美味之后，能够更新自己所认为的“美味”的标准。

Go Around Japan With Noodles

去日本各地吃碗面

Alice | text F | illustration

面条是日本人日常生活中必不可少的食物，不论男女老少，都喜欢吃面。在日本，常见的面条有拉面、乌冬面、荞麦面等种类，但同一种面条在不同地区也有很大差别。这次我们精心挑选了 20 种来自日本各地区的特色面条，为你介绍日本各地的面条分布情况。

1

地区 ⇨ 北海道旭川

种类 ⇨ 旭川拉面

☒ 北海道是日本 47 个都道府县中唯一的道，也是位置最靠北的一级行政区。旭川是北海道第二大城市，有“艺术之城”之称。

☒ 旭川拉面以酱油拉面最为著名，通过在面汤上覆盖一层油来防止面变凉。面条采用卷曲细面，以酱油、猪骨和昆布为汤底，搭配叉烧肉、葱、竹笋和鸡蛋食用。

2

地区 ⇨ 北海道札幌

种类 ⇨ 札幌拉面

☒ 札幌是北海道的行政中心和最大城市，因拉面而出名，市内有著名的拉面一条街。

☒ 札幌最著名的拉面是味噌拉面，汤底浓郁鲜美，配菜常选用北海道特产的奶油黄油和甜玉米。

3

地区 ⇨ 秋田县

种类 ⇨ 稻庭乌冬面

☒ 秋田县位于日本本州岛东北部，是日本著名的温泉大县。

☒ 稻庭乌冬面有着 300 多年的历史，全部制作过程大概需要 4 天时间。制作时手工揉面团后，需要用两根棒进行拉伸和风干。手工制作的稻庭乌冬面比传统乌冬面的质地更光滑。

8

4

地区 ⇨ 岩手县

种类 ⇨ 碗仔荞麦面

☒ 岩手县位于日本本州岛东北部，东临太平洋。

☒ 吃碗仔荞麦面本身就是一种独特的体验。面碗一次放入的面条为一口能吃掉的量，服务员会不断补足空碗直到客人吃不动为止。一般来说，女性平均可以吃掉 30 ~ 40 碗，男性平均吃掉 50 ~ 60 碗。

5

地区 ⇨ 山形县

种类 ⇨ 板荞麦面

☒ 山形县位于日本东北地区西南部，北、东、南三面环山，西临日本海。

☒ 板荞麦面的面条比普通荞麦面的面条稍宽，一般会选用一块长木板或木箱来盛放。

6

地区 ⇨ 福岛县喜多方市

种类 ⇨ 喜多方拉面

☒ 福岛县是位于日本东北地区南部的一个县，喜多方市位于福岛县西北部。

☒ 喜多方拉面汤底常用猪骨、鸡汤和小杂鱼干混合制成，面条选用宽扁面条，有嚼劲，搭配大量的叉烧、葱和笋干。

7

地区 ⇨ 群马县

种类 ⇨ 水泽乌冬面

☒ 群马县旧称“上野国”，位于日本关东平原西北部。

☒ 水泽乌冬面是用当地盛产的小麦面粉和泉水手工制成，通常搭配冷藏的酱油或芝麻酱一同食用。

8

地区 ⇨ 山梨县

种类 ⇨ 馎饦

☒ 山梨县旧称“甲斐国”，是位于日本本州岛中部的一个县，东面与东京相邻。

☒ 馎饦是一种由扁平的乌冬面加上蔬菜、味噌炖煮而成的乡土料理，蔬菜一般选择时令食材，最常用的是南瓜。

9

地区 ⇨ 东京都

种类 ⇨ 东京拉面

☒ 东京古称江户，明治维新后成为日本首都，并改名东京。东京位于日本本州岛关东平原南端。

☒ 东京拉面一般指的是酱油拉面，由从中国传入的面改良而来，汤汁浓厚，流行于日本全国。

10

地区 ⇨ 爱知县

种类 ⇨ 棋子面

酱煮乌冬面

☒ 爱知县位于日本本州岛中部地区西南，属于日本的中心位置，县厅所在地为名古屋市。

☒ 棋子面的面条扁平，类似于意大利的宽面条，在配料上和其他乌冬面没有太大差异，主要是面条种类和煮制时间的不同。

☒ 酱煮乌冬面是名古屋的另一种特色面条，在冬天非常受欢迎。常使用红味噌汤做汤底，配料包括鸡肉、小葱、蘑菇、生鸡蛋、年糕等。

11

地区 ⇨ 三重县

种类 ⇨ 伊势乌冬面

◇ 三重县位于日本本州岛中部，处于以名古屋为中心的中部圈和以大阪为中心的近畿圈的交会地带。

◇ 伊势乌冬面的特色是使用色泽浓厚、味道醇香的酱汁浇在面上，酱汁是由酱油加上干鲣鱼、海带、小沙丁鱼等海产品煮制的高汤配制而成。最初，伊势乌冬面是为前往伊势神宫参拜的信众准备的。

12

地区 ⇨ 京都府宇治市

种类 ⇨ 绿茶荞麦面

◇ 京都府位于日本本州岛的中部，是日本人的精神故乡，也是日本的文化象征之地。宇治属于京都府，是日本有名的优质绿茶产地。

◇ 绿茶荞麦面是由荞麦面粉混合绿茶粉而成，分冷食和热食两种，吃起来清新可口。

13

地区 ⇨ 大阪府

种类 ⇨ 狐狸乌冬面

◇ 大阪府古名“难波”，是日本都道府县中的“二府”之一，位于日本中西部。

◇ 来自大阪的狐狸乌冬面的最大特色就是会在乌冬面上放一块油炸豆腐，因油豆腐的颜色像狐狸的毛色，故得此名。

14 | **地区** ⇨ 和歌山县　**种类** ⇨ 和歌山拉面

□ 和歌山县位于日本本州纪伊半岛西南部，面向太平洋，有“山海之国”“木材王国”“果树王国”之称。

□ 和歌山拉面通称“中华面”，以浓厚的酱油为汤底，配上猪骨汤底，口味浓郁。面条一般选用微曲的直面，常用配菜有叉烧、鱼板、竹笋干等。

15 | **地区** ⇨ 香川县　**种类** ⇨ 赞岐乌冬面

□ 香川县旧称“赞岐国”，位于日本四国岛的东北部，是日本乌冬面的起源地。

□ 赞岐乌冬面是香川县非常著名的特色美食，因香川县旧称而得名。面条口感筋道，吃法花样繁多，是日本最受欢迎的乌冬面种类。

16 | **地区** ⇨ 岛根县　**种类** ⇨ 出云荞麦面

□ 岛根县古称“出云国”，位于日本中国地区的北部，是日本古文化的发源地之一。

□ 出云国荞麦面使用纯荞麦粉，面的颜色近乎黑色，味道比普通的荞麦面更浓烈。当地人吃荞麦面时，习惯将面放在一种三层的食器中，加入各种配料食用。

17 | **地区** ⇨ 广岛县　**种类** ⇨ 尾道拉面

□ 广岛县位于日本中国地区的中部，首府广岛市是该地区最大的城市。

□ 尾道拉面使用出自濑户内海的海产品，通过酱油、鱼汤调味，配料常用叉烧、笋干和葱，最后加一点儿猪油提味。

18 | **地区** ⇨ 福冈县　**种类** ⇨ 博多拉面

□ 福冈县位于日本列岛西部、九州岛北部，是九州岛上最大的县，也是九州地区的政治、经济、文化中心。

□ 博多拉面的面条极细，汤底是乳白色的猪骨白汤，常搭配叉烧一同食用。

19 | **地区** ⇨ 熊本县　**种类** ⇨ 熊本拉面

□ 熊本县位于日本的西端、九州岛的中心位置，别称“火之国”。

□ 熊本拉面最大的特色是在汤里加入麻油和重口的大蒜片，同时在浓香的猪骨汤汁里加入鸡汤。

20 | **地区** ⇨ 冲绳县　**种类** ⇨ 冲绳面条

□ 冲绳县处于日本的九州岛和中国的台湾岛之间，是日本的一个海岛县，有“日本夏威夷”之称。

□ 冲绳面条由荞麦面粉和小麦粉制成，质地介于拉面和乌冬面之间，汤汁一般为猪肉汤，配料常用猪肉片、小葱和红生姜。

The Cosmos of Pasta

意面大宇宙

Alice 阿罗 | text　Wiki Commomns | photo　Ricky | illustration

跟着一碗面穿越意大利

意大利面是意大利的特色主食，种类、形状繁多，再配上酱汁的组合变化，可以创造出上千种不同的意大利面品种。意大利从北到南，各地区人们偏爱的意面各不相同。这次介绍的意大利 9 个大区的代表意面，虽然相对数量庞大的意面品种而言，不过是九牛一毛，但却非常具有代表性。

1

地区 ⇨ Lombardy | 伦巴第大区

种类 ⇨ Farfalle | 蝴蝶面

☒ 伦巴第大区位于意大利北部。北与瑞士相邻，北部为阿尔卑斯山地，南部是波河中游平原，首府是意大利北部最大的城市米兰。

☒ 蝴蝶面的形状就像一个个蝴蝶结，中间厚实，两侧略薄，通常搭配番茄罗勒酱食用。

2

地区 ⇨ Liguria | 利古里亚大区

种类 ⇨ Corzetti | 轧花圆面片

☒ 利古里亚大区位于意大利西北部，西与法国接壤，大部分为山地丘陵地形，首府是有“灯塔之城”美誉的热那亚。

☒ 轧花圆面片呈圆盘形状，两面用一对手工雕花的圆柱形图章印上精致花纹，是一种新鲜的意大利面，在文艺复兴时期开始流行，通常搭配肉酱或意式青酱食用。

3

地区 ⇨ Emilia-Romagna | 艾米利亚 – 罗马涅大区

种类 ⇨ Strozzapreti | 手卷意面

☒ 艾米利亚 – 罗马涅大区位于意大利北部，是意大利经济最发达的大区之一，也是意大利著名的美食天堂，首府是博洛尼亚。

☒ 手卷意面通常是手工制作的意大利面，字面意思是“牧师扼杀者”，传说因为很多贪婪的牧师被这款意面所吸引，吃得太快，噎死了自己。

4

地区 ⇨ Tuscany | **托斯卡纳大区**

种类 ⇨ Gigli | **螺旋短意大利面**

⊠ 托斯卡纳大区位于意大利中部，被称为华丽之都，也被视为意大利文艺复兴的发源地，首府是佛罗伦萨。

⊠ 紧实美观的螺旋短意大利面形状像是一朵朵百合花，通常搭配浓厚酱汁食用。

5

地区 ⇨ Lazio | **拉齐奥大区**

种类 ⇨ Bucatini | **粗条通心面**

⊠ 拉齐奥大区位于意大利中西部，多山地丘陵，是意大利最重要的经济大区之一，首府罗马也是意大利的首都。

⊠ 粗条通心面是一种空心的较长意面，它的长度一般为 25 ~ 30 厘米，直径约为 3 毫米，常搭配奶油酱、培根和蔬菜一同食用。

6

地区 ⇨ Abruzzo | **阿布鲁佐大区**

种类 ⇨ Spaghetti alla chitarra | **长面条**

⊠ 阿布鲁佐大区位于意大利中部，是意大利的心脏地区，辖区内三分之二为山地，首府是拉奎拉。

⊠ 长面条的面团由硬粒小麦面粉、鸡蛋和盐做成，这种长面条在阿布鲁佐大区常搭配烩羊肉食用。

7

地区 ⇨ Campania | **坎帕尼亚大区**

种类 ⇨ Penne | **斜管面**

⊠ 坎帕尼亚大区位于意大利南部，该大区多山地、丘陵与山间盆地，旅游业发达，首府为那不勒斯。

⊠ 斜管面一般指的是斜切的短通心粉，通过中空的部分和表面的浅纹来锁住酱汁，很适合搭配番茄肉酱一同食用。

8

地区 ⇨ Puglia | **普利亚大区**

种类 ⇨ Orecchiette | **猫耳朵面**

⊠ 普利亚大区位于意大利的东南部，地形以平地和缓坡的丘陵山地为主，石灰岩分布较广，首府是巴里。

⊠ 猫耳朵面的名字来自这款意面的形状，就像小猫耳朵一样，通常为手工制作，深受小朋友的喜爱。

9

地区 ⇨ Sicily | **西西里大区**

种类 ⇨ Ziti | **新郎面**

⊠ 西西里大区位于意大利南部，是意大利面积最大的大区，首府是巴勒莫。该大区以地中海最大的岛屿西西里岛为主体。

⊠ 新郎面是长条形的粗空心粉，没有浅纹，采用平直切割的方式，形状较斜管面更细长。

花式意面

作为做法最多样的西式面条之一，意大利面从面条本身的形状到酱汁的搭配方法，都可谓多种多样。站在超市货架前，面对种类繁多的意面不知如何选择，或是打开了一包意面却不知该如何烹煮、搭配，大概是每一个想要尝试意面的人都经历过的窘境。

虽然意面多种多样，但烹饪方法其实不外乎是煮和烤。依据自己的口味，搭配不同种类的酱汁，你会发现，从意面初学者到意面达人就是这么简单。

小 型 意 面

ACINI DI PEPE
形状 珠状
搭配方法 汤

ALFABETO
形状 字母状
搭配方法 汤

ANCHELLINI
形状 珠状
搭配方法 汤

ANELLI
形状 指环状
搭配方法 汤

ANELLINI
形状 指环状
搭配方法 汤

ARMONIE
形状 波形短线
搭配方法 汤或沙拉

COCCIOLETTE
形状 贝壳状
搭配方法 汤或沙拉

COQUILLETTES
形状 半圆形
搭配方法 汤或沙拉

CORALLI
形状 脊形管状
搭配方法 汤或沙拉

CUSCUSSU
形状 小圆点
搭配方法 汤或沙拉

DITALINI
形状 管状
搭配方法 汤

FARFALLINE
形状 领结状
搭配方法 汤或沙拉

FILNI
形状 细丝状
搭配方法 汤

FREGULA
形状 小圆点
搭配方法 汤或沙拉

GIANDUIETTA
形状 动物状
搭配方法 汤

GRANO
形状 谷粒状
搭配方法 汤或沙拉

GRATTINI
形状 不规则形状
搭配方法 汤或沙拉

GRATTONI
形状 不规则形状
搭配方法 汤或沙拉

MARGHERTINE
形状 菊花状
搭配方法 汤或沙拉

MERLETTI
形状 蕾丝状
搭配方法 汤

MIDOLLINE
形状 泪珠状
搭配方法 汤或沙拉

OCHI DI PASSERO
形　状　粗环状
搭配方法　汤

ORZO
形　状　大米状
搭配方法　汤或沙拉

PATERNOSTER
形　状　脊形管状
搭配方法　汤或沙拉

PUNTINE
形　状　大米状
搭配方法　汤或沙拉

QUADRETTI
形　状　正方形
搭配方法　汤

QUADRUCCI
形　状　正方形
搭配方法　汤

RISI
形　状　大米状
搭配方法　汤或沙拉

SEMI DI MELONE
形　状　不规则形状
搭配方法　汤或沙拉

STELLETTE
形　状　星星状
搭配方法　汤

TRIPOLINI
形　状　领结状
搭配方法　汤或沙拉

TEMPESTA
形　状　小圆点
搭配方法　汤

短型意面

CALAMARATA
形　状　管状
搭配方法　浓稠酱汁

CANNELLONI
形　状　管状
搭配方法　浓稠酱汁、炖菜

CANNERONI
形　状　管状
搭配方法　浓稠酱汁

CANNOLOCCHI
形　状　脊形管状
搭配方法　浓稠酱汁

CANNOLICCHI MEDI
形　状　管状
搭配方法　浓稠酱汁、炖菜

CAPPELLO NAPOLETANO
形　状　管状
搭配方法　浓肉汁

CAVATAPPI
形　状　螺丝状
搭配方法　浓稠酱汁

CHIFFERI RIGATI
形　状　半圆形
搭配方法　浓肉汁

CONCHIGIETTE
形　状　贝壳状
搭配方法　浓肉汁、炖菜

CONCHIGLIE
形　状　大贝壳状
搭配方法　浓肉汁、炖菜

CRESTE DI GALLO
形　状　有褶皱边的半圆形
搭配方法　浓稠酱汁

DISCHI
形　状　圆盘状
搭配方法　浓肉汁

ELICOIDALI
形　状　脊形管状
搭配方法　浓稠酱汁

FIORI
形　状　花状
搭配方法　浓稠酱汁

GEMELLI
形　状　螺旋状
搭配方法　浓稠酱汁

GNOCCHI
形　状　团子状
搭配方法　浓肉汁、炖菜

GNOCCHETTI
形　状　团子状
搭配方法　浓稠酱汁

GOMITI
形　状　脊形肘状
搭配方法　浓稠酱汁

GRAMIGNA
形状 卷曲管状
搭配方法 稀薄酱汁

GRAMIGNONI
形状 半管状
搭配方法 稀薄酱汁

ITALIANA
形状 卷曲管状
搭配方法 稀薄酱汁

LUMACHE
形状 蜗牛壳状
搭配方法 浓稠酱汁

LUMACHINE
形状 小蜗牛壳状
搭配方法 浓稠酱汁

LUMACONI
形状 大蜗牛壳状
搭配方法 浓稠酱汁、炖菜

MACARONI
形状 肘状
搭配方法 浓稠酱汁、炖菜

MALLOREDDUS
形状 脊形壳状
搭配方法 浓稠酱汁

MARGHERITA MESSINESE LUNGA
形状 半管状
搭配方法 稀薄酱汁

MANDALA
形状 曼陀罗状
搭配方法 浓稠酱汁

MARZIANI
形状 有饰边的半圆
搭配方法 浓稠酱汁

MESSINESI
形状 半管状
搭配方法 稀薄酱汁

MEZZANI
形状 管状
搭配方法 稀薄酱汁

MEZZE PENNE
形状 管状
搭配方法 浓稠酱汁

MEZZI BOMBARDONI
形状 管状
搭配方法 浓稠酱汁

MOSTACCIOLI
形状 管状
搭配方法 稀薄酱汁

ONDULE
形状 凹槽状
搭配方法 浓稠酱汁
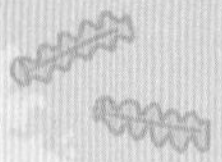

PACCHERI
形状 管状
搭配方法 稀薄酱汁、炖菜
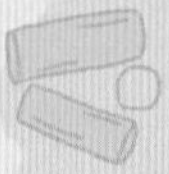

PANTACCE
形状 波浪状
搭配方法 稀薄酱汁

PENNE
形状 管状
搭配方法 浓稠酱汁

PENNE RIGAE
形状 脊形管状
搭配方法 浓稠酱汁

PENNETTE
形状 管状
搭配方法 稀薄酱汁

PENNONI
形状 管状
搭配方法 稀薄酱汁

PIPE
形状 脊形肘状
搭配方法 浓稠酱汁、炖菜

QUADREFIORE
形状 有褶皱边的圆柱状
搭配方法 浓稠酱汁

RADIATORI
形状 有褶皱边的圆柱状
搭配方法 浓肉汁

REGINELLE
形状 管状
搭配方法 稀薄酱汁

RICCIOLINI
形状 卷曲状
搭配方法 浓稠酱汁

RICCIUTELLI
形状 卷曲管状
搭配方法 稀薄酱汁

RIGATONCINI
形状 脊形管状
搭配方法 浓稠酱汁

RIGATONI

形状 脊形管状
搭配方法 浓稠酱汁

SORPRESE

形状 小铃铛状
搭配方法 稀薄酱汁

TROTTOLE

形状 陀螺状
搭配方法 浓肉汁

ROCCHETTI

形状 脊形半圆
搭配方法 浓肉汁

SORPRESE LISCE
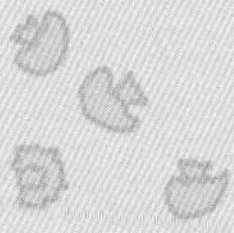
形状 大铃铛状
搭配方法 浓肉汁

TUFOLI

形状 管状
搭配方法 浓稠酱汁、稀薄酱汁

ROTINI

形状 螺旋状
搭配方法 浓肉汁

TORTIGLIONI

形状 脊形管状
搭配方法 浓稠酱汁

ZITI

形状 管状
搭配方法 浓稠酱汁、稀薄酱汁

RUOTE

形状 车轮状
搭配方法 浓肉汁

TRENNE
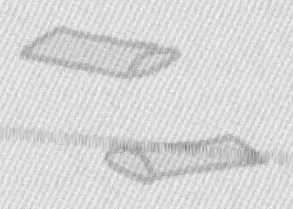
形状 三角形管状
搭配方法 浓稠酱汁

SCIVIOTTINI

形状 管状
搭配方法 稀薄酱汁

TRENNETTE

形状 三角形管状
搭配方法 浓稠酱汁

片状意面

BAVETTE
形状 粗、窄
搭配方法 浓稠酱汁

FETTUCCINE, FETTUCCELLI & FETTUCI
形状 厚、宽
搭配方法 浓稠酱汁、浓肉汁

LASAGNE
形状 片状
搭配方法 炖菜

LASAGNE RICCE
形状 脊形片状
搭配方法 炖菜

LINGUINE & LINGUETTINE

形 状 凸、窄

搭配方法 浓稠酱汁、稀薄酱汁

MAFALDE & MAFALDINE

形 状 脊形、宽

搭配方法 浓稠酱汁、浓肉汁

PAPPARDELLE

形 状 厚、宽

搭配方法 浓稠酱汁、浓肉汁

PILLUS

形 状 薄、宽

搭配方法 浓稠酱汁、浓肉汁

PIZZOCCHERI

形 状 宽

搭配方法 浓稠酱汁

SAGNARELLI

形 状 短、宽

搭配方法 浓稠酱汁

SPAGHETTI ALLA CHITARRA

形 状 正方形、窄

搭配方法 浓稠酱汁

STRINGOZZI

形 状 矩形、宽

搭配方法 浓稠酱汁

TAGLIATELLE & TAGLIOLINI

形 状 薄、宽 / 窄

搭配方法 浓稠酱汁

TRENETTE

形 状 薄、宽

搭配方法 浓稠酱汁

TRIPOLINE

形 状 厚、宽

搭配方法 浓肉汁

长型意面

❶ BIGOLI

形状 厚、实心 搭配方法 稀薄酱汁

❷ BUCATI & BUCATINI

形状 厚 搭配方法 稀薄酱汁

❸ CAPELLINI

形状 薄、实心 搭配方法 稀薄酱汁

❹ FEDELINI

形状 薄、实心 搭配方法 稀薄酱汁

❺ FUSILLI, FUSILLI BUCATI CORTI & FUSILLI BUCATI LUNIHI

形状 弯曲杆状 搭配方法 浓稠酱汁、浓肉汁

❻ MACCHERONCINI

形状 厚、空心 搭配方法 浓稠酱汁

❼ MATRICIANI

形状 厚、实心 搭配方法 稀薄酱汁、浓稠酱汁

❽ PELLIZZONI

形状 厚、实心 搭配方法 浓稠酱汁

❾ PERCIATELLI

形状 厚、空心 搭配方法 浓稠酱汁

❿ PICI

形状 厚、实心 搭配方法 浓稠酱汁

⓫ SPAGHETTINI, SPAGHETTI & SPAGHETTONI

形状 厚、实心 搭配方法 稀薄酱汁、浓稠酱汁

⓬ VERMICELLI & VERMICELLONI

形状 薄、实心 搭配方法 稀薄酱汁

⓭ CAPELLI D' ANGELO

形状 团状 搭配方法 稀薄酱汁

BECHAMEL

白汁

食材

牛奶……600 毫升

洋葱……1 个

月桂叶……1 片

黑胡椒粉……适量

黄油……75 克

面粉……55 克

肉豆蔻粉……适量

盐……适量

做法

❶ 锅中倒入牛奶，放入对半切开的洋葱、月桂叶、黑胡椒粉，小火加热至冒泡，关火盛出。

❷ 在锅中小火加热黄油至熔化，拌入面粉混合均匀，倒入煮好的奶汁，搅拌至汤汁浓稠光滑时，加入肉豆蔻粉和盐调味即可。

PUTTANESCA SAUCE

烟花女意面酱

食材

橄榄油……60 毫升

大蒜……4 瓣

鳀鱼片……100 克

辣椒……1 个

番茄酱……800 克

黑橄榄……125 克

刺山柑……30 克

意式香草……适量

黑胡椒粉……适量

做法

❶ 锅中放入橄榄油烧热，加入大蒜碎、辣椒碎和沥干切碎的鳀鱼翻炒均匀，再加入番茄酱和刺山柑，煮至开锅后转小火炖煮 20 分钟。

❷ 加入对半切开的黑橄榄和意式香草，撒上黑胡椒粉调味即可。

NEAPOLITAN TOMATO SAUCE

那不勒斯番茄酱

食材

橄榄油……90 毫升

洋葱……1 个

大蒜……2 瓣

番茄酱……800 克

白砂糖……2 克

新鲜罗勒叶……10 片

盐、黑胡椒粉……适量

做法

❶ 把洋葱和大蒜切碎，将除了新鲜罗勒叶以外的食材放入锅中加热，煮开后继续加盖焖煮 20 分钟。

❷ 搅拌酱汁，加入撕碎的新鲜罗勒叶混合均匀即可。

CARBONARA SAUCE

奶油培根酱

食材

鸡蛋……3 个

帕尔马奶酪碎……45 克

淡奶油……60 毫升

橄榄油……30 毫升

洋葱……1 个

大蒜……1 瓣

培根……225 克

盐、黑胡椒粉……适量

做法

❶ 锅中倒入橄榄油，小火烧热后加入洋葱碎，翻炒 5 分钟，加入切碎的大蒜和培根，不断翻炒至培根变脆。

❷ 将鸡蛋、帕尔马奶酪碎、淡奶油、盐和黑胡椒混合，倒入锅中搅拌均匀即可。

RAGU BOLOGNESE SAUCE

意式肉酱

食材

橄榄油……45 毫升

培根碎……75 克

洋葱……1 个

牛肉馅……375 克

胡萝卜（切碎）……1 根

芹菜……1 根

牛肉清汤……225 毫升

红葡萄酒……225 毫升

番茄酱……45 克

盐、黑胡椒粉……适量

做法

❶ 平底锅中倒入橄榄油烧热，放入培根碎和洋葱碎翻炒 5 分钟，至洋葱变软。

❷ 倒入牛肉馅翻炒 5 分钟至牛肉完全变色，将结块的牛肉馅捣碎。

❸ 加入胡萝卜碎和芹菜碎翻炒 2 分钟后，放入剩余食材，小火炖煮 1 小时即可。

PESTO GENOVESE

青酱

食材

大蒜……2 瓣

罗勒……35 克

烤松仁……40 克

帕尔马奶酪……40 克

橄榄油……115 毫升

盐、黑胡椒粉……适量

做法

❶ 将除了橄榄油之外的食材放入搅拌机，混合搅碎。

❷ 分次倒入橄榄油，搅拌至酱汁乳化即可。

Noodles in Southeast Asia

让人眼花缭乱的东南亚粉面

贺卢文迪 | text F | illustration Kit | photo

东南亚饮食向来带有一种神秘感，特别是面食的种类，更是纷繁多样。东南亚面食的一大特点就是丰富的汤料和配菜。茂密的雨林孕育出了各种独特的香料，这也让东南亚饮食在世界美食中同样占有一席之地。出于地理位置和历史文化的原因，东南亚地区的饮食在保持当地特色的同时，也深受西方文化和中国文化的影响。比如东南亚饮食中的很多面食便源自广东一带。在很多东南亚华人的记忆中，东南亚的粉面亦带有几分故乡的味道。

火车头河粉是越南河粉的代表，以前的越南火车站经常有河粉售卖，上下车时吃碗河粉是很多人的习惯，火车头河粉也由此得名。

泰国 ไทย

泰式炒粿条 | Pad Thai

粿条由大米制成，扁而宽，类似河粉。东南亚地区的粿条做法基本就是炒和水煮两种，泰式炒粿条便是炒粿条中最负盛名的一种。泰式炒粿条最早起源于柬埔寨首都金边，因此也叫“金边粉”，后来传入泰国，经过不断改良，已成为泰国经典菜肴。作为国民饮食的泰式炒粿条在曼谷的大街小巷都能看到。

正宗的泰式炒粿条不油不水，粿条形状完整，口感劲道弹牙。制作时选择质量上乘的粿条，在水中浸泡至少 1 个小时，同时准备酱汁和配菜。酱汁材料中有当地特产罗望子汁、棕榈糖、鱼露和辣椒；配菜食材种类则非常多样，豆芽、红葱、菜头、豆干、虾、蛋、花生米等都可以加入。准备好食材就可以开始炒粿条了。炒粿条时对时间的把握非常严格，因为粿条一旦下锅，几分钟之内就要端上桌。炒粿条时，锅边必备白开水，因为每家的粿条不同，有的需要多次加水，才能炒得恰到好处。

泰北金面 | Khao Soi

金面是用小麦制作的鸡蛋面，因面条呈漂亮的金黄色而得名，是泰北菜中最著名的面品之一。据考察，泰北金面的起源地在大傣族聚居的中缅边境，后来随着傣族向周边地区迁徙而传入东南亚，成为缅甸、泰国和老挝闻名遐迩的面食。现在，在泰国北部的著名旅游城市清迈，到处都能见到金面的身影，“吃一碗泰北金面”更被誉为“到清迈必做的 10 件事之一”。

金面汤多以咖喱配上胡姜、姜黄和生姜作为汤底，加上椰奶、酱油与棕榈糖等配料烘托出独特的香味。鸡蛋面口感滑嫩，汤汁附着力强，和咖喱汤一起食用能尝到汤面一体的绝佳味道。泰国北部的人口味偏重，喜欢辛辣的菜肴，因此泰北金面还会加香葱、酸辣腌菜和辣椒酱等调料。配菜除了传统的鸡肉和牛肉，还有鲜虾、墨鱼、芭蕉猪肉、杂菜等，选择非常多样。

卡农金面 | Ka Non Jin

卡农金面是泰国南部卡农地区特有的一种金面。其做法与泰北金面一样，不过咖喱口味更加辛辣，搭配的小菜也更加多样，常见的有生菜、豆芽菜、黄瓜泡菜、鱼干、凤梨、罗勒叶等。

酿豆腐 | Ye Ta Fo

酿豆腐是一款比较特别的泰国菜，它的泰语名字是由客家话的“酿豆腐”音译而来。酿豆腐一般要搭配面条、米粉或粿条食用。酿豆腐最早只是泰国的街头小吃，现在无论是街头巷尾还是大型餐馆都能看到它的身影。酿豆腐使用中式红腐乳酱料搭配红姜、辣椒制作汤底，调味后带有酸甜的滋味和粉红的色泽。与客家酿豆腐不同的是，泰式酿豆腐常以鱼浆为馅料，且配菜一般只使用空心菜。

越南 Việt Nam

越南牛河 | Pho

越南牛河是越南成为法国殖民地后饮食文化交融的产物。它结合了中国的河粉、法国的牛骨汤与牛肉片，还有越南本地的香料。这种混杂着各国饮食精粹的菜肴先是出现在街头，后进入餐厅，如今已成为当地人最喜爱的美食之一。

牛肉汤底是越南牛河的灵魂。制作汤底的过程费时费力，十分繁复。将牛筒骨、牛腩、洋葱、生姜用小火熬制 10 个小时后，加入八角、草果、肉桂、花椒、香叶等香料后再煲 2 个小时。越南各地的牛肉汤底香料的搭配也各有不同，越南南部的人因为偏爱甜味，会在锅底中加冰糖；而越南北部的人在制作牛肉汤底时则不喜欢加冰糖。河粉的选择也丝毫不能马虎。新鲜的河粉带着米香，直径以小于 1 厘米为宜。

盛好一碗河粉后，正宗的南部吃法是先用热汤将新鲜的生牛眼肉烫熟，再将罗勒叶磨出香味，撕碎放入碗中，挤一点儿青柠汁，最后加入大量芽菜和辣椒拌匀。而在越南北部，河粉中除了牛肉以外，一般只加青柠和辣椒。

蟹粉丝 | Bún Riêu Cua

蟹粉丝使用螃蟹和西红柿炒制而成，除了加入油炸的豆制品、肉类和海鲜作为配菜外，还会使用柠檬、罗望子、辣椒等调味料。

越式米台目 | Bánh Canh

越式米台目是越南有名的平民小吃。作为主料的面是近似乌冬面的粗米线，使用的配菜根据地域不同有所区别，一般都会加入螃蟹、虾、鱼板和猪脚。

马来西亚 Malaysia

叻沙 | Laksa

叻沙起源于南洋地区，是马来西亚和新加坡的代表性菜肴，烹制食材一般为米粉、黄面。东南亚地区曾深受古印度文化的影响，“叻沙”一词就源自梵文，意为“数量非常多”。叻沙的种类十分丰富，不同地方的叻沙，其做法和味道也存在极大差异。在马来西亚和新加坡，常见的叻沙多为咖喱叻沙 (Curry Laksa) 或亚参叻沙 (Asam Laksa)。

咖喱叻沙在马来西亚中部、南部和新加坡比较常见，在有些地方被叫作“咖喱面”。咖喱叻沙的主料一般为米粉和各式黄面，配料有油豆腐、鸡肉丝、豆芽、血蚶、虾子、鸡蛋等，偶尔会加入叉烧和猪皮。汤底多为加入椰奶的咖喱汤，味道十分浓郁。制作时，将虾米、咖喱粉、香茅、红葱头、辣椒等香料翻炒片刻，然后加入高汤和椰奶，煮沸后放入配料，最后放入米或面煮熟即可。

亚参叻沙在马来西亚中部、北部较为流行。主料一般会使用粗米粉或濑粉（以粘米为主要原料制成）。亚参在马来语中意为“酸豆”，指的是用于制作亚参叻沙汤底的罗望子，而酸酸辣辣的鱼汤正是亚参叻沙的特色。制作时，先用甘榜鱼或马鲛鱼加南姜、香茅、红葱头、辣椒、罗望子、亚参果片等香料熬制出浓汤，再将鱼捞出去头尾，鱼肉撕碎后放回汤内。在配料的选择上，亚参叻沙中通常会加入凤梨、黄瓜、洋葱、莴苣等蔬果。把蔬果放在粉上，淋上熬好的汤底，最后倒上少许虾膏食用。

板面 | Pan Mee

板面是传统的客家面食，后传入东南亚地区。在马来西亚的华人社区，板面是最常见的面食之一。过去制面机尚未普及时，厨师都是用玻璃空瓶将面团擀平，再用刀将面团切成条状，板面因此而得名。

作为平民美食，在茶餐室、美食中心或路边摊都会出售板面。板面的最大特点是现吃现做。提前将面粉、水、盐和成面团静置，待醒好后放入制面机切成条状，用开水煮熟后淋上猪骨高汤，放上肉末、木耳丝、薯仔菜、炸江鱼仔、青葱等配菜，就可以端给顾客享用。

马来炒面 | Mee Goreng

马来炒面也叫印度炒面，是马来西亚人非常喜欢的家常面食，在新加坡、马来西亚等地的街头小摊和餐馆都很常见。

马来炒面做法有两种，一种是素炒，一种是加入各种海鲜或肉类混合炒。炒面主料是黄色的鸡蛋面，也可以选用方便面。炒的时候先放入鸡蛋和海鲜，然后加入一种马来西亚特色酱料——桑巴酱（一种以糖、虾米、辣椒为原料制成的酱料），接着放入鸡蛋面，最后再加入青菜、洋葱丝和西红柿，用猛火翻炒即可。

槟城虾面 | Prawn Mee

槟城虾面是马来西亚槟城特有的美食。其他地区的人习惯称之为虾面或福建面。槟城虾面的主料一般为米粉或黄面，赤红辛辣的汤底则是利用虾壳和辣椒熬煮制成。此道面充满鲜辣气息，深受热爱重口味的马来西亚华人欢迎。

哥罗面 | Kolo Mee

哥罗面是马拉西亚砂拉越地区的特色干捞面，又叫作干面。有说法称哥罗面最早源于客家人的干捞面，“哥罗”一词就是由“干捞”音译而来。哥罗面主料一般选用黄色的鸡蛋面，形状曲折。哥罗面可以在砂拉越地区的大小城镇的熟食店中找到，而且有多种做法可供选择，如干面、酱油干面、酱油辣味干面、叉烧油干面，配料一般选用肉末、叉烧和小葱。

缅甸 မြန်မာ

缅甸干面 | Nan Gyi Thoke

缅甸干面其实可以算是一种缅甸特有的沙拉（通常以米饭、面食、土豆和各种蔬菜、海鲜为食材）。干面的主料一般为粗米线，拌上用鸡肉或猪肉制成的咖喱酱汁，有点儿类似意大利肉酱面的感觉。配菜主要有煮鸡蛋切片、经过烘焙的鹰嘴豆粉、洋葱片、辣椒和柠檬汁，有时还会加入干脆面一类的小吃。缅甸人在吃干面时经常会配上一碗肉汤。

鱼板面 | Mohinga

鱼板面是深受缅甸人喜爱的早点之一，可以说是缅甸非官方的“国食”了。鱼板面又名鱼汤米粉，顾名思义，就是盛在鱼汤里的米粉。鱼汤一般以新鲜的鲶鱼为主料，加入柠檬草炖煮一段时间后捞出。接着将姜末、洋葱、大蒜和红椒粉炒香，倒入汤中，放入米粉继续炖煮，最后放入鱼肉。鱼板面的配菜通常是卤蛋、阿恰布、油炸蔬菜或者一碟小扁豆。

掸族汤面 | Han Khao Swe

掸族是聚居在缅甸北部的一个民族。掸族汤面是诸多缅甸小吃中最常见的一种。汤面的主料为米粉，汤底比较清淡，一般是用清汤或肉熬制的高汤。配料以撒上胡椒和蒜油的腌制鸡肉、猪肉为主，有的地方还会搭配烤芝麻或腌菜。

掸族豆腐面 | Hto-Hpu Nwe

hto-hpu nwe 意为“温豆腐”，但这道菜的原料却并非豆腐，而是用鹰嘴豆粉做成的浓稠的粥。豆腐面的主料一般为米粉和腌制的鸡肉或猪肉。吃的时候，在粥上淋一点儿辣椒油，搭配腌菜和肉汤食用。

新加坡 Singapore

炒虾面 | Hokkien Mee

虾面应该是最为知名的新加坡面食了。爽滑的面条和浓郁的面汤可以说是新加坡人从小的记忆组成部分。虾面的主料一般为黄色的鸡蛋面。制作时，将虾头和虾壳在锅中用蒜蓉爆出虾油，再加入猪大骨和冰糖、白胡椒熬制 2 个小时，直至汤汁呈现漂亮的红色。用汤汁将面和虾烫熟，依照面、虾、排骨的顺序装碗，最后浇上虾汤即可。

叉烧面 | Char Siu Mee

叉烧面是新加坡常见的平民美食，主料一般选用黄色的鸡蛋面，浇上特制的酱汁后搭配青菜和切片叉烧享用。

卤面 | Lor Mee

卤面与叉烧面类似，不同之处在于卤面的酱汁比较黏稠。

印度尼西亚 Republik Indonesia

印尼炒面 | Mie Goreg

印尼炒面和马来炒面类似，但在食材上稍有不同。正宗的印尼炒面一定要用一种黑豆酿成的甜酱油来炒，才能炒出印尼炒面的独特味道。

爪哇炒面 | Mie Goreng Jawa

爪哇炒面的主料一般为米线或细河粉。炒面时通常会加一些当地的特色咖喱。配菜也非常丰富，有番茄、鸡蛋、炸蒜米、鸡肉、虾片、香葱、蘑菇等，营养搭配十分全面。

菲律宾 Republika ng Pilipinas

肉蔬面 | Pancit Habhab

菲律宾的面食最早源于中国。肉蔬面是一种使用卢克班（菲律宾城市）鸡蛋面为主料制成的炒面，在菲律宾深受学生族的喜爱。

制作肉蔬面时，将胡萝卜、洋葱、大蒜等蔬菜翻炒后重新起锅，放入五花肉、猪肝和虾略微炒熟，加入高汤，煮开后放入面条。制作肉蔬面的关键在于此时要尽量让面吸收大部分汤汁，最后加入炒熟的蔬菜，再用酱油和胡椒调味即可。

橘子酱米线 | Pancit Palabok

橘子酱米线是在层层的米线上浇上“橘子酱”制成的。橘子酱并非用橘子制作，而是因为酱汁的颜色而得名。制作橘子酱米线时，先将米线用清水泡软，然后起锅炒熟猪肉末，加入高汤炖煮片刻后加入面粉，使其黏稠，最后放入酱油和胡椒调味。米线煮熟后浇上橘子酱汁，撒上猪肉、切好的白煮蛋、虾和猪皮就大功告成，有的地方还会放入牡蛎和乌贼。将当季的新鲜果蔬、海鲜、嫩肉全部集合在一碗米线中，清新凉爽的口感让这道简单的美食在当地广受欢迎。

Wheat: Origin of Noodles

面条美味的来源：从小麦到小麦粉

拉里 | edit

◎ 制作面条时，最常用的原料就是小麦粉。作为主要原料之一，小麦粉的品质直接影响着面条的口感、风味与色泽。但小麦粉不只由小麦的品种所决定。每一粒小麦在被送入我们口中之前，都需经过研磨才能成为小麦粉，进而被加工成食物。◎ 与稻米相反，麦粒表皮坚硬，胚乳柔软。如果连同表皮一起研磨，胚乳也会被同时挤压粉碎，再筛去表皮就变得非常困难。◎ 因此，若想获得洁白的小麦粉，需要经过十分复杂的加工过程。

小麦粉的两种主要研磨方法

传统石磨

将小麦粒从表皮到胚乳全部研磨粉碎，多用于制作全麦面粉。

机器研磨

属于多阶段式加工，先将小麦粗磨，使表皮与胚乳初步破碎分离，然后过筛、去杂质、进一步细磨、再过筛、再去杂质、再细磨……如此反复，直到达到最终需要的面粉精度。

决定小麦粉品质的 3 个要素

蛋白质

有关小麦粉的韧性与黏性

小麦粉加水揉捏后会出筋，这是因为谷蛋白的存在。面包的蓬松与面条的韧性，都是由于谷蛋白的作用。

高、中、低筋粉有什么区别？

谷蛋白含量高的是高筋粉，依次类推，中筋粉、低筋粉的区别主要取决于谷蛋白含量的高低。通常在制作面条时，中筋粉的使用频率最高。

灰　分

有关小麦粉的白度与风味

灰分是指小麦粉经高温烧烤后留下的残余物，大多来自麦粒表皮。灰分含量高的小麦粉，通常色泽偏暗，因为面粉中麦皮含量较多。但麦皮中含有的多种矿物质、维生素和微量元素，也会为其增添风味。

什么是全麦粉？

全麦粉是指在研磨过程中，麦粒表皮也一同保留的面粉，因其独特的风味与对健康方面的益处，近几年十分流行。

粗细度

有关小麦粉的粗细与口感

通常，小麦粉的粗细度是以微米为单位计量的。高筋粉通常较粗，低筋粉较细。

意大利面使用哪种小麦粉？

意大利面使用的是硬粒小麦粉，比如用杜兰小麦制作的面粉，通常需要粗磨加工。

公元前 7000 年左右	美索不达米亚平原一带开始种植小麦。		
公元前 4000 年左右	中国人开始以粟（小米）为主食，并将其磨粉食用。		
公元元年—500 年	中国华北平原已开始广泛种植小麦，并将其磨粉食用。	**汤饼** 汤中煮有一颗颗面团，类似现代的面疙瘩汤。据《辞海》记载，中国古代将所有用小麦粉制作的食物都称作“饼”，所以古文中的“饼”字也可能是指面条。	
公元 500—1000 年	**切面** 即指用刀或其他工具切割出的面条或面片儿。	**水引饼** 古代中国的一种面食，被认为是当今面条的鼻祖，东汉时期已有记载。《齐民要术》就曾描述了水引饼的具体做法。水引饼在制作过程中，需要将揉搓好的面条在水中浸泡一段时间。	**索饼** 据传与汤饼是同一种食物，后传入日本，并被认为是日本面条的起源。
公元 1000 年左右	**馎饦** 一种面片儿汤，烹制方法类似此前的汤饼和索饼，不过这种面片儿是切割而成，到唐代又被称作“不托”。		**素面** 素面通常是指较细的面条，原材料也是小麦粉，目前在中国和日本都仍在食用。素面中另有一类叫作“索面”。
公元 1000—1500 年	**荞麦切面** 一种类似现代荞麦面的切面在这时已经出现。	**手抻拉面** 手抻拉面已出现，并开始流行。 **拉条子** 拉条子出现，并向西传播至土耳其地区。	
现代	河粉（东南亚）、韩式切面（韩国）、切面（中国）、乌冬面（日本）、荞麦面（日本）	拉条子（中亚）、拉面（日本）、拉面 / 手擀面（中国）、guril 汤面（蒙古）	面线 / 素面（中国）、素面（日本）

The Development Trajectory of Noodles
面条之路

陈晗 | edit

			laganum 被称作意大利面鼻祖的面食出现。
粉饼 以米为原料的面食也开始出现，是现在米粉、河粉等面食的原型。		**压面** 用特殊工具压制出来的面条在这时已经出现。	
绿豆粉 这时已出现将绿豆磨粉制成的面食。		**莜麦面** 以莜麦为主要原料的面食已出现，属于压面类。	**意大利面** 当时的欧洲已形成类似现代意面形态的面食。
米粉 中国在南宋时已经出现以米粉为原料的面类，至此，中国面文化已基本成型。这种米粉属于压面类。	**河粉** 同样以米为原料的河粉此时也已出现，但属于切面类。		
泰式米粉（泰国）、米粉（中国）、叻沙（马来西亚）	河粉／粿条（中国）、河粉（越南）	饸饹面（中国）、布达（不丹）	各种意大利面

Chronicle of Events on Noodles

面条大事年表

孙思清 | edit

公元前 8000 年	我国南方地区开始种植水稻。
公元前 7000 年	美索不达米亚平原开始种植小麦。
公元前 3000 年	高加索地区的牧民迁入新疆，开始种植从美索不达米亚平原带来的小麦。泰国开始种植大米，为东南亚米粉的出现提供了原料。
公元前 2000 年	世界已出土的第一碗面条出现在今我国青海地区。
公元前 1600 年	我国在商朝已经开始成规模栽培小麦，并出现用汤煮熟食物的烹调方法。
公元前 400 年	意大利北部的埃特鲁斯坎人开始制作面条。
公元前 139 年	张骞第一次出使西域，丝绸之路就此开辟，也将新疆地区的面条传入内陆。
公元 2 世纪	东汉时，将小麦磨成面粉的技术已在我国广泛使用，为面条的普及奠定基础。
公元 7 世纪	李唐皇室将面视为长寿的象征。唐玄宗的皇后过生日时，他曾赏赐面条作为贺礼。
公元 8 世纪	佛教传入今不丹地区，祭祀和礼佛行为催生出不丹特有的荞麦面条——“布达”。
公元 827 年	北非的阿格拉比德王朝将伊斯兰文化带入西西里岛，并开始制作“伊特利亚”。历史学家认为“伊特利亚”就是意大利面的前身。
公元 10 世纪	穆斯林开始将面条作为主食。
公元 1000 年左右	西西里岛出现意大利面专用菜谱。
公元 11 世纪	韩国出现荞麦热汤面，当地人称之为“占伦度”。
公元 12 世纪	原产于中国的挂面传入日本。
公元 1241 年	日本“面条和尚”圆尔辨圆将磨面机械的图纸从中国带回日本，这使得面条开始成为日本僧人的专用食品。

公元 1244 年	在被发现的一份意大利病例中写到“建议消化不良者少吃意大利面”。
公元 1295 年	马可·波罗回国，并将中国制作面条的技术传入意大利。
公元 1310 年前后	元人王桢在《农书》中记载“北方山后，诸郡多种，治去皮壳，磨面为面……或作汤饼，谓之河漏”。一般认为，“河漏”就是现代的荞面饸饹。
公元 14 世纪	威尼斯出现现代意大利面的鼻祖——“特里”。
公元 15 世纪	李氏朝鲜出现荞麦冷面，开创了为抵御严寒而在冬天吃冷面的独特面食文化。
公元 17 世纪	日本江户时代，荞麦面成为最受欢迎的快餐食品。 意大利通心粉成为那不勒斯人的主食。
公元 1740 年	威尼斯建成世界上第一个意大利面厂。
公元 1800 年左右	现代方便面的前身——“伊面”在清代书法家伊秉绶府中诞生。
公元 19 世纪	荞麦面在日本盛行并逐渐变成贵族食品，政府甚至公布了 100 家顶级荞麦面馆的名单。 意面中开始出现番茄。意大利南部开始用蒸汽机生产意面。
公元 1841 年	担担面诞生于四川。
公元 1915 年	马保子等人统一了正宗兰州牛肉面“一清二白三红四绿五黄”的标准。
公元 1958 年	现代方便面在日本上市销售。
公元 1970 年	我国第一袋方便面诞生于上海益民食品四厂。

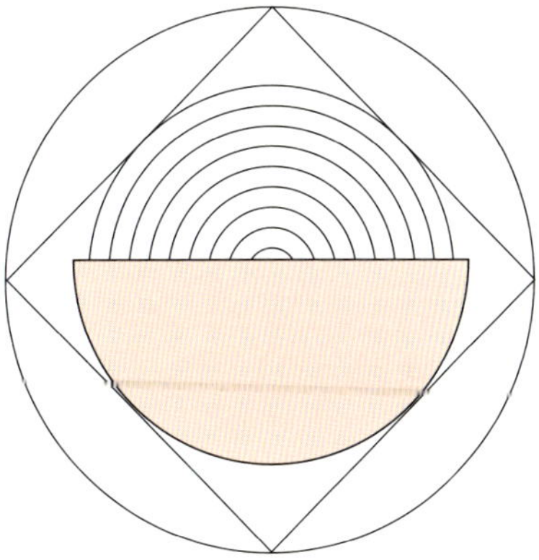

Chapter

03

煮碗面给你吃

Homemade Noodles

Noodles Tips
不可不知的面条小贴士

食帖编辑部 | text 肖杨 | edit Brooke Lark | photo

做好的意面最好盛在预热过的餐盘中，一定要趁热享用。

面条的挑选与储存

❶鲜面条的储存方法：分成小份，放入保鲜袋密封冷冻。

❷购买面条前，看清包装上注明的蛋白质含量，蛋白质含量越高的面条越筋道。

❸在副食店购买面条，可挑一根面条抻拉，若能拉长且不断，说明面条很筋道。

❹颜色较深的面条更筋道，颜色越白，说明所用面粉的面筋含量越少。

❺细长的面条可以放在薯片桶里保存。

煮面

❶如果买来的面条碱味较重，可在面条快煮好时加几滴醋。这样既能减轻碱味，也能让面条的颜色变白。

❷煮面时在水中加1汤匙菜油，既能防止面条粘连，又能防止面汤潽锅。

❸煮干面条时不用等水完全沸腾，水开始冒气泡即可下面。煮湿面条则应等水完全沸腾后再下面。

❹煮挂面和切面时，面条下锅后宜用中火煮。大火煮会使面条表面形成一层黏膜，热量无法向里传递，造成硬心。

❺配高汤的面，面和高汤最好分开煮，避免面粉入锅后使汤变得黏稠，影响高汤的原味。

❻干玉米面条用冷水浸泡3个小时后再煮，比直接煮更易熟。

❼判断面条是否煮熟，可以取一小截面条甩在墙上，能黏住则说明面条已经熟了。

❽ 面条煮到半熟，捞出过冷水，冷透之后继续放回锅中煮至全熟，这样煮出的面不易烂且口感弹牙。

❾ 煮泡面时，用筷子将面条反复夹起再放回锅中，可以使泡面更有嚼劲儿。

炒面

1 做日式炒面时，先炒配菜，半熟后再加入炒面用的面条，一起混合翻炒。

2 日式炒面专用面虽然本来就是熟的，但用热水冲后会变软，炒面时容易上色入味，口感也更佳。炒面时尽量不要用不锈钢铲，容易把面铲断。如果没有炒面专用的夹子，可以用木铲和筷子配合代替。

3 炒面时，要热锅凉油，使面条充分沾油，这样炒面不会粘连。

4 青菜不要炒到出水，口感过于软烂。加入面条后，青菜溢出的水分会被面条吸收。

面汤

1 趁着假日煮一锅高汤，密封冷藏可以保存一周，冷冻成高汤冰块可以保存一个月。

2 葱油除了用来拌面，也可以浇在煮好的汤面上，十分提香。

3 在面汤中加入适量牛奶或奶粉，会让面汤带有奶油浓汤的味道。

4 在面汤中加入鲣鱼素，可以为面汤提鲜。

5 在面汤中加一勺花生酱或椰浆，搅拌均匀，可以为汤底增添不同风味。

6 汤勺中放冰块，在炖好的猪骨汤表面转一圈，让油脂遇冷凝固在汤勺上，可以减轻高汤的油腻感。

一生至少要尝试一次的泡面搭配

1 泡面＋薯条

2 泡面＋米饭

3 泡面＋奶酪

4 泡面＋炸丸子

5 泡面（海鲜味）＋牛奶

6 泡面（海鲜味）＋辣条

7 泡面＋蛋黄酱

8 泡面＋味付玉子、叉烧、海苔

9 泡面＋布丁

意大利面

1 做手工意面时，一定要使用新鲜鸡蛋。

2 面粉提前过筛后再和面，会让做出的意面口感更细致。

3 煮意面时，水中要多加盐。应严格参考意面包装上的煮制时间，才能煮得恰到好处。

4 不要在煮意面的水中或面条上加油，否则面条不易挂住酱汁。

5 耐心等待水完全沸腾，再加入意面。

6 煮意面时，要持续搅拌，不能放置不管。

7 煮好意面后，可以盛出一小碗面汤待用。如果意面与酱汁混合时状态过干，可适量加些面汤。

8 自制的番茄肉酱、罗勒青酱等酱料，装罐密封，放入冰箱冷藏，可以保存一周。

9 海鲜类意面可搭配白葡萄酒，红肉类意面可搭配红葡萄酒。

10 做好的意面最好盛在预热过的餐盘中，一定要趁热享用！

吃面

❶吃日式拉面时可尝试发出吸面条的声音，但如果实在做不到，也不必勉强自己，轻松地吃面比什么都重要。

❷每个人的家中都应有至少一只大号面碗。一些配料丰富或者汤底美味的面条，如果被局促地塞进普通饭碗里实在可惜，既破坏了面的美感，食用时也不够自在舒服。

❸想要优雅地吃一碗面而不将汤汁溅到衣服上，首先应该坐得离桌子远一点；其次可以用筷子把要吃的那口面条都挑上来，让面条“尾部”尽量少挂汤汁；最后就是轻点吸面。

❹拌面时要慢起快落，防止酱汁溅出，同时缩短挑起的面条暴露在空气中的时间，避免影响口感。

❺正宗的云吞面盛碗时，云吞要盖在汤里，并用汤匙垫高面条，不能让面条全浸在汤水里，一定要露出一些面条在汤面上，再撒些韭黄丝。另外只有趁热吃，才能吃到面条的筋道、弹牙及云吞的爽口。

❻吃日式拉面，第一口先喝汤。不能一开始就放入调味料（胡椒、辣椒、红姜、碾碎的大蒜等），破坏店家精心调配的汤底味道。

❼面条拍摄小技巧：大部分拉面用圆碗装，拍圆碗时不用拍全，可以只拍三分之二，这样能让食物的视觉效果更突出；还可以直接对焦在拉面的关键配料上，比如虾子或者葱花，也能提升照片的美味吸引力。

配菜

❶如果一次炒了大量肉臊，可以将吃不完的部分放入保鲜袋压扁，冷冻起来，下次煮面时直接放入锅中一起煮即可。

❷煮面的同时可以加入速冻的牛肉丸或鱼丸，煮至浮起即可。

❸煮辛拉面的时候，可加入火锅年糕或者切片年糕。年糕软糯的口感与泡面搭配非常适合。

❹将表面酥脆的煎鸡蛋放在碗底，倒入煮好的汤面。煎蛋在最后吃时，已经浸足了面汤的味道。

❺起锅时撒些白芝麻，吃面时满口盈香。

❻紫菜掰碎后放在碗里，倒进面汤即可冲开。

❼在锅内将葱爆香，加入少许酱油，再加入水煮蔬菜和面，比面煮好后再放葱花香气更浓。

❽ 绿叶蔬菜整根加入面条去煮要比切碎了煮更香，因为整根的蔬菜会挂住更多的汤汁。

❾ 焖面适合选择豆角、蒜薹、土豆、萝卜等含水少的蔬菜。

❿ 传统的阳春面、重庆小面中会放猪油增加脂香，如果担心热量太高，可用香油替代。

⓫ 加入辣酱和柠檬汁的鸡肉味泡面，面汤的口感很像酸辣汤。

⓬ 泡面加热后将水沥干，加入调味料包和一些切碎的奶酪，接着再放入微波炉中加热 10 ~ 30 秒。

⓭ 将红烧菜的汤汁放入冰箱冷冻一夜。第二天可以用这些汤冻来拌面。

⓮ 做凉面的酱汁应带入酸味，有开胃功效。

⓯ 白砂糖能够提高鲜味，一人份的泡面加入半匙白砂糖即可。

⓰ 用热红茶来调芝麻酱，更容易把酱调匀。

⓱ 口味较重的面酱适合选择较宽或厚的面条，而口味较清淡的面酱则适合选择较细或较薄的面条。

Noodles in My Childhood Memory

童年的记忆，是一碗臊子面

吴飞 | text & photo
赵圣 | edit

一大碗臊子面里其实没有多少面条，基本全是切成丁的臊子。

小时候对臊子面的印象，大多停留在乡间的“野宴席”早餐。不用关心是谁家的宴请，早早起来就会看见马路边搭起的蓝白条纹帐篷，还有简单的灶台和几张桌椅。只要一坐下，大人们就会端上来一碗臊子面，一旁也准会有还冒着香气的油泼辣子和一壶醋。一大碗臊子面里其实没有多少面条，基本全是切成丁的臊子。大家一边吸溜吸溜地吃着面，一边用勺子把不易夹到的蔬菜丁送进嘴里，并会时不时地挖一大勺油辣子浇在面上，用筷子拌一拌，接着吃。

后来这样的“野宴席”渐渐消失，伴随着各家妈妈们的口耳相传，再加上个人摸索，逐渐出现了各种臊子面的做法。可是无论怎么变，一碗臊子面里，肯定会有很多蔬菜丁。区别也不过是你家汤多面少，我家直接用做好的臊子干拌着吃。以汤为主的臊子面，汤底一定会用海带和猪肉调出鲜味，再加上香菇和木耳，连汤带面吃上一碗，十分过瘾；如果是干拌的臊子面，就会用豆豉和姜丝先爆出香味，再翻炒其他食材，最后把汤汁收浓稠些，这样豆豉的香味就会完全包裹在面条表面，是另一种我十分偏爱的口感。

20 世纪 90 年代我还在读小学的时候，每次中午放学一进家门就会喊饿。隔着厨房的玻璃，常常会看见我妈在案台上擀面。偌大的面团特别轻松地就被擀成一大张圆形的面片，层层叠起，再利落地下刀，很快面条就切好了。一旁的大铁锅里，半盖着锅盖，咕嘟着热气。我就知道待会儿就有臊子面吃了。不过我最期待的是吃面时一定会有的油泼辣子，小碗里放好辣椒面儿。加一些白芝麻和盐，锅里烧好油，顺便再丢几颗花椒进去，等油热以后，迅速浇在辣椒面儿上，一时也分辨不清是花椒还是辣椒的香味迎面扑来，这个时候我肯定会大喊一声：“妈！我饿了！”

那个时候分辨不清什么是幸福，直到自己长大，发现曾经那个爱吃米饭的我，有一天突然开始喜欢上面食。在不知道如何和面的时候，电话另一端的妈妈总会特别仔细地叮嘱各个细节。在得知我最近喜欢吃臊子面时，妈妈也会将清洗晾晒好的海带打包邮寄给我。虽然我一直试着挖掘记忆里最宝贵的食材搭配，还原儿时的味道，可无论如何，总还是会觉得少了些什么。

● 一碗臊子面里，肯定会有很多蔬菜丁，区别也不过是你家汤多面少，我家直接用做好的臊子干拌着吃。

食材

手工面条	适量	生姜丝	适量
猪肉	200 克	八角	1 颗
干香菇	4～5 朵	香叶	2 片
木耳	适量	酱油	适量
海带	适量	料酒	适量
胡萝卜	1 个	盐	适量
土豆	1 个	香菜	适量
炸豆腐	3 大片	油辣子	适量
豆豉	1 小勺	醋	适量
青蒜	1 根	食用油	适量
干辣椒丝	适量		

Recipe

臊子面

30min | 1

做法

❶干香菇、木耳、海带分别洗净并充分泡发，泡发后的水留下待用。

❷将步骤❶中泡发好的食材挤干水分后切丁，猪肉、土豆、胡萝卜、炸豆腐也分别切丁待用。

❸热锅冷油，将豆豉、生姜丝、干辣椒丝和斜切的青蒜下锅爆香后，放入猪肉丁一同翻炒。

❹待猪肉炒至变色后，淋一些酱油和料酒，继续翻炒片刻，加入前面切丁的所有食材。

❺待食材全部上油后，倒入之前泡发的水，放入八角和香叶，大火煮沸后转小火慢炖至食材熟透，再加一些盐调味。

❻面煮好后，趁热将臊子浇在面条上，搭配一些香菜、油辣子和醋，搅拌均匀即可享用。

Cold Noodles for Summer

暑之冷食，消夏之快

弥张、赵圣 | text　弥张 | cook & photo

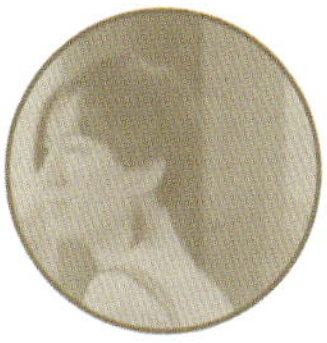

PROFILE

弥张
古典音乐专业出身的味觉记录者。

热气腾腾，汤水充盈，是多数人对面的第一印象。在寒冷的冬日来上一碗热汤面，大口吞下，酣畅淋漓，饱腹暖身。但是还有一类面食，却以看似“冷酷”的形式存在。它们通过自然降温、物理添加等方式，满足另一种温度的需要。

Recipe

鸡丝凉面

20min | 2

食材

面条	300 克		酱汁用
鸡胸肉	1 块	白糖	2 汤匙
大葱	3 段	芝麻油	1 汤匙
生姜	2 片	大蒜	2 瓣
绿豆芽	80 克	米醋	4 汤匙
烤花生碎	30 克	生抽	3 汤匙
细青葱	1 根	辣椒油	2 汤匙
香菜	1 小把	盐	适量

做法

1 将制作酱汁的食材混合，待用。
2 烧一锅开水，放入大葱、生姜和鸡胸肉，待鸡胸肉变白煮熟后捞出。
3 绿豆芽焯熟，细青葱、香菜分别切碎；待鸡胸肉冷却后，顺纹理撕成细丝。
4 面条煮熟，过冷水沥干。
5 将调料汁与所有食材混合拌匀即可。

Recipe

陕西凉皮

🕒 20min | 2

食材

凉皮	300 克	生抽	3 汤匙
绿豆芽	100 克	米醋	4 汤匙
黄瓜	1 根	辣椒油	适量
大蒜	3 瓣	烤花生碎	适量

做法

1 绿豆芽焯熟后放凉，黄瓜切丝，大蒜切碎待用。

2 将生抽、米醋和辣椒油混合均匀。

3 将凉皮混合其他食材和调料汁后，撒入烤花生碎拌匀即可。

Recipe

朝鲜冷面

30min | 2

食材

		汤底用	
冷面	300 克	纯净水	500 毫升
酱牛肉	1 块	米醋	6 汤匙
鸡蛋	2 个	白糖	3 汤匙
番茄	2 个	盐	1 茶匙
梨	1 个	生抽	3 茶匙
黄瓜	1 根	泡菜汤	1 汤匙
熟芝麻	适量		
泡菜	适量		

做法

❶将用来制作汤底的食材混合，搅拌均匀，放入冰箱冷藏 1 小时。

❷黄瓜切丝，番茄、梨、酱牛肉分别切片，鸡蛋煮熟后对半切开。

❸烧一锅开水，放入冷面煮 3 ~ 4 分钟，过冷水后沥干待用。

❹在碗中放入冷面和其他食材，浇入冷面汤底，撒上熟芝麻即可。

Recipe

韩式豆浆冷面

40min | 1

食材

黄豆	1 杯	细面	150 克
纯净水	600 毫升	黄瓜	1 根
松子仁	2 汤匙	番茄	1 个
熟芝麻	3 汤匙	白芝麻、海苔碎	适量
盐	适量	冰块	适量
白糖	适量	鸡蛋	半个

做法

1 黄豆浸泡一夜后，加水煮至沸腾（10～12 分钟），在煮黄豆的同时，可将细面煮熟，过冷水待用。

2 煮好的黄豆倒入冷水中，用双手反复揉搓去掉表皮（表皮会浮于水面，可与水一同倒掉），重复数次直至黄豆表面洁净。

3 在黄豆中加入 2 杯水，将其跟松子仁、熟芝麻一起磨成豆浆（盐、白糖可按照个人口味增减），滤渣。

4 将豆浆与细面组合后，搭配剩余食材即可。

Recipe

麻酱凉面

🕒 20min | 2

食材

面条	300 克
黄瓜	1 根
青葱	2 根
绿豆芽	80 克
熟芝麻	适量

酱汁用

芝麻酱	4 汤匙
生抽	2 汤匙
米醋	1 汤匙
蒜末	1 瓣
白糖	适量
辣椒油	适量
纯净水	4 汤匙

做法

1 将制作酱汁的食材混合，调制成顺滑状态。

2 黄瓜切丝，青葱切碎，绿豆芽焯熟备用。

3 将面条煮熟，过冷水后沥干。

4 将面条、酱汁与其他食材混合拌匀，撒入熟芝麻即可。

Recipe

三丝凉面

30min | 2

食材

面条	300 克	香菜碎	适量
黄瓜	1 根		
胡萝卜	1 根	酱汁用	
鸡蛋	1 个	白糖	1/2 茶匙
泡发木耳	50 克	生抽	3 汤匙
火腿	55 克	米醋	3 汤匙
绿豆芽	100 克	芝麻油	1/2 茶匙
食用油	适量	辣椒油	1 茶匙
番茄片	适量	熟芝麻	适量

做法

1 面条用蒸锅隔水蒸约 12 分钟，至八分熟。

2 另起一锅，烧开水，放入蒸好的面条，煮开后捞出过冷水并沥干，加入适量食用油拌匀。

3 制作蛋丝：鸡蛋加适量盐打散，平底锅内抹一层薄食用油，倒入蛋液，小火晃动平底锅使蛋液均匀摊开，直至表面凝固，翻面后再加热至另一面凝固即可。

4 黄瓜、胡萝卜、泡发木耳、火腿分别切成细丝，胡萝卜丝和绿豆芽焯熟，酱汁用的食材混合均匀。

5 将步骤 4 中的食材依次码放在面上，淋入酱汁，点缀番茄片和香菜碎即可。

Noodles for Late Night Snack

深夜的慰藉，是一碗面

赵圣 | text　冯子珍 | cook & photo

结束一天的忙碌工作，回到家，总想着用食物填满饥饿的肚子。麻辣口味的吃食虽然过瘾，但总担心刺激肠胃，吃甜食又要冒着长肉的风险。所以，这次挑选的几款消夜面，兼具低卡快手的特点，即使是深夜的偶尔放纵，也能毫无负担地安然享用。

Recipe

阳春面

20min | 1

食材

猪油	1 大匙	老抽	少许
挂面	300 克	白糖	适量
高汤	400 毫升	葱花	少许
生抽	2 匙	盐	适量

做法

1 碗中依次放入猪油、生抽、老抽、白糖和盐，待高汤烧开后，慢慢兑入。

2 另起一锅，待水沸后放入挂面，煮熟沥干，放入碗中，撒少许葱花即可。

Recipe

油面筋杂菌面

20min | 1

食材

面条……100 克	蚝油……1 汤匙
大蒜……2 瓣	糖、盐、白胡椒粉……少许
口蘑……3 个	淀粉……少许
海鲜菇……适量	葱花……少许
油面筋……3 个	

做法

1 大蒜切片，口蘑切片，油面筋对半切开备用。

2 锅中放少许底油，爆香蒜片，放入口蘑和海鲜菇煸炒几下，加蚝油和面筋，继续炒香。放入适量水至没过食材，加少许糖、盐、白胡椒粉，小火煮 5 分钟。

3 将汤汁滤到大碗中，留食材在锅中，用少许水淀粉勾薄芡，同时再加少许盐调味，出锅，倒入之前的汤汁中。

4 面条用常规方法煮好，放入汤底中，撒少许葱花即可。

Recipe

番茄魔芋面

30min | 1

食材

魔芋面	150 克	清水	半碗
樱桃番茄	10 个	生抽	2 汤匙
鸡胸肉	1 块	葱、姜	少许
橄榄油	适量	盐、黑胡椒粉	适量

做法

1 樱桃番茄切半，锅热后放橄榄油，爆香葱姜后，放入樱桃番茄块和半碗清水，翻炒至出汁（可根据个人喜好加少许番茄酱）。

2 鸡胸肉切小块，一同放入锅中，翻炒片刻后加入魔芋面（其间可适当添水），炖煮约 10 分钟后，加生抽、盐、黑胡椒粉调味即可。

Recipe

鸡汤莜面

30min | 1

食材

莜面	150 克	油菜	5 棵
鸡汤	300 毫升	葱花	适量
鸡胸肉	1 小块	盐	少许
香菇	3 朵		

做法

1 鸡胸肉煮熟后，顺纹理撕成细丝。

2 待鸡汤烧开后，加入香菇，再次煮开后放入莜面，出锅前放入油菜，撒少许盐调味。

3 在莜面中放入鸡丝，点缀葱花即可。

Different Noodles for Everyday

一周七天，吃不腻的那碗面

白蓝蓝和灰爷、赵圣 | text 白蓝蓝和灰爷 | cook & photo

PROFILE

白蓝蓝和灰爷
食物造型师、美食摄影师、独立撰稿人。现居北京，与两只猫咪一起生活，在料理的世界里自得其乐。

面，作为快速便捷的碳水化合物补给方式，是许多人在快节奏生活中优先选择的主食。或简单或繁复的配料与味道朴实的面条组合，可以瞬间搭配出千种滋味。这次，我们将“面”作为一周主菜，尝试了从亚洲风味到西式做法的各种口味，用面条来撑起你每日的餐桌。

Recipe

咖喱乌冬面

20min | 1

食材

乌冬面	1 包	洋葱	1/4 个
小油菜	1 小把	咖喱块	2 块
香菇	2～3 朵	食用油	2 勺
鱼丸	若干	清水	适量
土豆	半个	盐	适量
胡萝卜	1/2 根		

做法

1 小油菜洗净，胡萝卜、土豆削皮切块，洋葱切块，香菇去蒂切片。

2 预热炒锅，倒入适量食用油，依次放入洋葱块、土豆块、胡萝卜块和香菇片翻炒数分钟。

3 倒入清水，盖上锅盖，待水烧开后，放入鱼丸和咖喱块。

4 待咖喱块融化后，放入乌冬面，炖煮片刻后加入小油菜。

5 待汤汁变浓稠、乌冬面煮好后，加少许盐调味即可。

Recipe

海鲜意面

40min | 2

食材

意面	160 克	番茄酱	少许
大虾	150 克	白葡萄酒	少许
贻贝	200 克	橄榄油	适量
番茄	半个	盐、黑胡椒粉	适量
洋葱	1/4 个	欧芹	适量
樱桃番茄	5 个	奶酪粉	适量

做法

1 各类海鲜处理干净待用。

2 洋葱切碎末，番茄去皮切碎，樱桃番茄对半切开。

3 意面煮约 8 分钟，煮至无硬心时捞出备用。

4 锅烧热，倒入橄榄油，爆香洋葱，接着放入番茄翻炒至出汁，再加少许番茄酱和樱桃番茄，熬煮数分钟。

5 将处理好的海鲜放入锅中快速翻炒，加 1 小勺白葡萄酒。

6 煮好的意面放入锅中继续翻炒，加少许盐和黑胡椒粉调味，待酱汁变浓稠后关火，出锅前撒少许欧芹碎和奶酪粉即可。

Recipe

酸辣粉

30min | 1

食材

红薯粉	一把	清汤	500 毫升
油辣子	2 大勺	香醋	3 大勺
花生米	适量	香菜	适量
酥黄豆	适量	花椒粉	少许
酸豆角	适量	盐	少许
生抽	2 大勺		

做法

1 红薯粉提前用热水泡软备用。

2 油辣子加生抽、香醋、花椒粉、盐调成酱汁。

3 烧一锅开水，将红薯粉煮熟，放入碗中，淋入调好的酱汁。

4 碗中浇上烧热的清汤（也可用开水代替），拌入花生米、酥黄豆、酸豆角、香菜即可。

Recipe

扁豆焖面

30min | 2

食材

扁豆	200 克
里脊肉	150 克
切面	250 克
葱	适量
姜	适量
大蒜	4 瓣
蒜泥	适量
酱油	2 大勺
料酒	1 小勺
色拉油	1 大勺
清水	适量
淀粉	适量
盐	适量

做法

1 里脊肉切丝，用料酒、姜末、蒜泥、酱油、淀粉腌制 15 分钟；扁豆洗净去头尾，切段备用。

2 起油锅，下里脊肉丝煸炒至变色后，盛出备用。

3 底油爆香葱、姜、大蒜，倒入扁豆，快速翻炒数分钟。

4 将里脊肉丝倒回锅中，加少许料酒、酱油、盐翻炒均匀，再倒入一小碗水焖煮数分钟。

5 待扁豆焖熟后，用勺子舀出一小碗汤汁备用（锅内也需留有汤汁）。

6 将切面平铺于扁豆上，盖上锅盖继续焖煮数分钟。

7 打开锅盖，将汤汁倒回锅中并混合均匀；大火收汁，待面条出锅前，撒少许蒜泥即可。

Recipe

葱油面

⏲ **60min** | 🛎 **2**

食材

面条	150 克	老抽	40 毫升
香葱	100 克	白糖	30 克
生抽	60 毫升	食用油	70 毫升

做法

1 香葱洗净切段，注意将葱白和葱叶分开。

2 锅中放食用油，烧热后将葱白放入，开中小火慢炸，待葱白微焦时放入葱叶，继续煎炸。

3 在等待过程中，可将老抽、生抽和白糖混合均匀备用。

4 葱段煎炸至焦黄色后，倒入混合好的酱汁，煮至起泡后关火。

5 面条煮熟后放入碗中，浇上两勺葱油拌匀即可。

Tips

剩余的葱油可放入密封罐中，待完全冷却后，放入冰箱冷藏，随吃随取。

Recipe

蔬菜炒面

20min | 1

食材

面条	1 把	生抽	2 勺
卷心菜	半个	白糖	适量
胡萝卜	半根	食用油	2 勺
洋葱	少许	蒜泥	少许
鸡蛋	1 个	海苔丝	少许
老抽	1 勺	木鱼花	少许

做法

1 卷心菜、胡萝卜、洋葱洗净切丝，老抽、生抽和白糖调成酱汁备用。

2 面条煮至约八分熟，捞出过凉水，沥水备用。

3 油锅烧热后，爆香蒜泥，放入切好的蔬菜翻炒，再放入面条，快速翻炒。

4 淋入调制好的酱汁，使面条被酱汁均匀包裹。

5 盛出面条，重新起锅，煎一个鸡蛋放在面条上，用海苔丝和木鱼花装饰即可。

Recipe

炸酱面

30min | 2

食材

面条	250 克	绿豆芽	200 克
肉末	200 克	食用油	适量
黄酱	半包	料酒	适量
甜面酱	2 大勺	姜末	适量
黄瓜	1 根	盐	适量
心里美萝卜	半个		

做法

1 黄瓜、心里美萝卜洗净切丝，绿豆芽焯水放凉备用。

2 黄酱加水稀释，放入甜面酱混合均匀。

3 制作炸酱：起油锅（食用油要放得比平时炒菜的量多一倍），放入肉末翻炒，倒入料酒和姜末，炒至肉色发白，再淋入步骤2中的酱汁，用中小火不停翻炒（可根据酱的浓度适当加少许水），之后慢慢熬煮数分钟，加少许盐调味。

4 另烧一锅热水将面条煮熟，捞出后盛入碗中，将切好的蔬菜码好，舀几勺熬好的炸酱，拌匀即可。

Are We Really Fond of Delicacy?

我们真的有那么热爱美食吗?

张春 | text

最近听研究健身动力的朱光老师讲了一个故事。他有一位会员,感觉自己是个吃货,根本管不住嘴,每天最期待的就是晚上去找好吃的,为此很烦恼。朱光老师听了之后就说:“那我们来理一理,上周那7天的21顿饭,你都吃了些什么?”核对之后,发现那位会员一周实际上只有四五顿饭吃得不错,其他都是混过去的。

混过去的那些顿饭我完全可以想象。比如早饭吧,要么不吃,要么吃的是最顺手的那个摊位卖的,软绵绵布着水汽的包子、稀薄的豆浆和煮过了头如橡皮般的茶叶蛋。不过这里我要传播一个正能量:我有位前同事,每天会打包现做的拉面当早饭。每天早上他都在自己的格子间里,一边吃香喷喷的早饭,一边接各种骗子和推销员的电话,舒缓地享受着非常休闲和美味的早晨。我真的很羡慕他,就算他后来被公司裁掉了,想起来还是很羡慕。能像这样活着的人肯定不多,毕竟没有多少人愿意被这样开除。

所以,仅仅是早上,一个照理说应当迎向人生盛宴的时刻,许多人都是在焦灼、饥饿和木然中度过的。这从早饭就可以窥见一二。

在某个下厨的手机软件里,一个楼主发出自己做的美食照片和菜谱后,下面出现了几百份照着这个菜谱做的菜,当然大都没有原版漂亮,但大家都说:“不怎么好看,但是超级好吃。”真的没见过一个说自己做得不好吃的,有的人甚至连明显的“不好看”都没觉得。

在我自己的店里,客人们常常会充满信心地建议我增加或改进某个菜品。如果每个建议都采纳的话,那我店里的菜式已经增加了1000个品种。而原有的那些,也应该经历了100次变化。想起这个,是因为刚看到一位网友发言说,他与做食品生意的朋友探讨产品口味时,出了许多绝妙的主意,感觉自己天赋爆棚。不禁莞尔。

一位小友忙着节食减肥,常感慨自己做的饭美味异常。我可以理解对食物原味的喜爱,但是因此说自己厨艺了得,会不会夸张了一点儿?他的主食明明就是水煮白菜:水烧开——烫白菜——吃。

我在很多地方,都听到过非常类似的说法:“我们这个地方不是很富裕，不过我们XX人特别会吃，嘴特别刁。”很有意思，每个地方的人都觉得自己能吃，会吃。如果大家都这么会吃，那还谈得上特别会吃吗？反正大家都一样呀！大家是不是在认为自己特别会吃的同时，想象着别人不会吃呢？

我们国家的人大概真的是很爱吃。电视里播领导去老百姓家拜访，都会到人家的厨房里，揭开人家的锅盖，看一看这家人在吃什么。好像没见过别的国家有这么干的。

与此同时，身边好像也前所未有地流行着美食话题、美食书、美食剧。最近因为国产美食剧《深夜食堂》饱受观众诟病，我又把日版的电视剧翻出来看了两集。这个超高评分“神剧”里客人要吃什么就做什么的设定，一直让我感到心焦。因为做生意需要产品稳定，比如客人说这个很好，下次来了又点，但店里却没有备料！好，吃不成了，客人只能失望而归。也许客人还会再来一两次，但你又不知道他什么时候来，到底什么时候应该准备这个材料呢？如果客人来了两次都吃不到，还会不会再来呢？这个客人的生意到底要不要做呢？材料备少了客人点不到，那是不是应该每天都备齐？这就又要涉及仓储了。店很小，备多了就要占据冰箱、店堂的空间。在狭小的后厨和操作台上，空间太有限了，寸土寸金呀，盲目备料当然不行。

食材多了没地方放，还会过期、会作废；如果少了，客人决定去一个地方时，并不喜欢心里没数。所以你看，越小的店菜单越简单，大店才能容纳大菜谱。深夜食堂里的基本设定，只能说是一种艺术家的创造。

我光顾过一家仿照这种做法的店，它开在很容易让客人变得感性的文艺区。我吃到过一次培根卷、两次奶酪土豆和一盘乌黑的煎饺。这些东西再点就点不到了，很苦恼。也有老板即兴制作的食物，不收钱请客人吃，还请我们喝酒。我很乐意去找他玩，但真的想吃东西时，还是觉得麦当劳更靠谱。这就是故事和生意的区别吧。

有时候我会想，真的有那么多人都很会做饭吗？是不是只是对自己的手艺较为偏爱罢了呢？或者说素以美食大国自得的我们，其实并没什么品味？我们真的有那么热爱美食吗？我们真的在麻木庸常的生活中，保持着敏锐的触觉和旺盛的热情吗？

会不会其实我们自己心里有数，但就是想说点儿好听的给受了委屈的自己？又或者根本就是在自吹自擂？因为热爱美食这个事儿太小，小到不用对任何人负责，小到连自己都不愿深究。

谈起美食就仿佛谈起繁华盛世，好像盛世就装在锅碗瓢盆里，好像人生就没有过不去的坎儿。但是，也可以说说不好吃和无所谓吧。说说不合胃口的东西；说说工作的不如意，前程的渺茫；说说身体肥胖，感情空虚，新年不快乐，生日也不快乐。而你，终于真的想起来，很久没有美美地吃一顿了。不爱和爱，是心的两面。只有一面的心，大概不算是真心吧。

食帖零售名录

网站

◊ 亚马逊 ◊ 当当网 ◊ 京东 ◊ 文轩网
◊ 博库网

天猫

◊ 中信出版社官方旗舰店
◊ 博文图书专营店
◊ 墨轩文阁图书专营店 ◊ 唐人图书专营店
◊ 新经典一力图书专营店
◊ 新视角图书专营店
◊ 新华文轩网络书店

上海

◊ 上海书城福州路店
◊ 上海书城五角场店
◊ 上海书城东方店 ◊ 上海书城长宁店
◊ 上海新华连锁书店港汇店
◊ 季风书园上海图书馆店
◊ "物心"K11店（新天地店）
◊ MUJI BOOKS 上海店

北京

◊ 三联书店 ◊ Page One 书店
◊ 单向空间 ◊ 时尚廊 ◊ 字里行间
◊ 中信书店 ◊ 万圣书园 ◊ 王府井书店
◊ 西单图书大厦 ◊ 中关村图书大厦
◊ 亚运村图书大厦

广州

◊ 广州方所书店 ◊ 广东联合书店
◊ 广州购书中心 ◊ 广东学而优书店
◊ 新华书店北京路店

深圳

◊ 深圳西西弗书店 ◊ 深圳中心书城
◊ 深圳罗湖书城 ◊ 深圳南山书城

江苏

◊ 苏州诚品书店 ◊ 南京大众书局
◊ 南京先锋书店 ◊ 南京市新华书店
◊ 凤凰国际书城 ◊ 常州半山书局

浙江

◊ 杭州晓风书屋 ◊ 杭州庆春路购书中心
◊ 杭州解放路购书中心
◊ 宁波市新华书店

河南

◊ 三联书店郑州分销店
◊ 郑州市新华书店
◊ 郑州市图书城五环书店
◊ 郑州市英典文化书社

广西

◊ 南宁西西弗书店 ◊ 南宁书城新华大厦
◊ 南宁新华书店五象书城

福建

◊ 厦门外图书城 ◊ 福州安泰书城

山东

◊ 青岛书城 ◊ 青岛方所书店
◊ 济南泉城新华书店

山西

◊ 山西尔雅书店
◊ 山西新华现代连锁有限公司图书大厦

陕西

◊ 曲江书城

湖北

◊ 武汉光谷书城 ◊ 文华书城汉街店

湖南

◊ 长沙弘道书店

天津

◊ 天津图书大厦

安徽

◊ 安徽图书城

江西

◊ 南昌青苑书店

香港

◊ 香港绿野仙踪书店

云贵川渝

◊ 成都方所书店 ◊ 重庆方所书店
◊ 贵州西西弗书店 ◊ 重庆西西弗书店
◊ 成都西西弗书店 ◊ 文轩成都购书中心
◊ 文轩西南书城 ◊ 重庆书城
◊ 重庆精典书店 ◊ 云南新华大厦
◊ 云南昆明书城
◊ 云南昆明新知图书百汇店

东北地区

◊ 大连市新华购书中心
◊ 沈阳市新华购书中心
◊ 长春市联合图书城
◊ 新华书店北方图书城
◊ 长春市学人书店 ◊ 长春市新华书店
◊ 哈尔滨学府书店 ◊ 哈尔滨中央书店
◊ 黑龙江省新华书城

西北地区

◊ 甘肃兰州新华书店西北书城
◊ 甘肃兰州纸中城邦书城
◊ 宁夏银川市新华书店
◊ 新疆乌鲁木齐新华书店
◊ 新疆新华书店国际图书城

机场书店

◊ 北京首都国际机场T3航站楼中信书店
◊ 杭州萧山国际机场中信书店
◊ 福州长乐国际机场中信书店
◊ 西安咸阳国际机场T1航站楼中信书店
◊ 福建厦门高崎国际机场中信书店